Sportwissenschaft und Sportpraxis

Herausgeber: Clemens Czwalina ISSN 0342-457X

Band 53

Klaus Sachse

60 Stunden Volleyball für die Sekundarstufe I

**Unterrichtsreihen
Stundeninhalte
Lernerfolgskontrollen
Unterrichtsmaterialien**

Preis DM 18,-

Verlag Ingrid Czwalina D-2070 Ahrensburg bei Hamburg

CIP-Kurztitelaufnahme der Deutschen Bibliothek

Sachse, Klaus:
60 [Sechzig] Stunden Volleyball für die Sekundar=
stufe I : Unterrichtsreihen, Stundeninhalte, Lern=
erfolgskontrollen, Unterrichtsmaterialien / Klaus
Sachse. − 1. Aufl. − Ahrensburg bei Hamburg :
Czwalina, 1985.
   (Sportwissenschaft und Sportpraxis ; Bd. 53)
   ISBN 3-88020-135-8
NE: GT

ISSN 0342-457X
ISBN 3-88020-135-8
1. Auflage/Ahrensburg 1985
Copyright by Verlag Ingrid Czwalina, D-2070 Ahrensburg bei Hamburg
Printed in the Federal Republic of Germany
Herstellung: WERTDRUCK, D-2000 Hamburg 65

0 VORWORT

Mit dem vorliegenden Buch wird der Versuch unternommen, das Volleyballspiel in Form eines praxisbezogenen Lehrgangs mit Unterrichtsreihen und Stundenbildern aufzuarbeiten. Unter diesem Gesichtspunkt wird bewußt auf theoretische Erörterungen zum Volleyballspiel verzichtet, da diese in der umfangreichen Fachliteratur nachgelesen werden können.

Den Ausschlag für die Erstellung dieses Lehrgangs gab die Durchsicht der Richtlinien und Lehrpläne der einzelnen Bundesländer, die den Lehrkräften nur in sehr beschränktem Maße Hilfen bei der Unterrichtgestaltung geben. Dagegen bietet die Fachliteratur eine Fülle von Übungs- und Spielformen an, die es aber dem im Volleyball nicht so erfahrenen Unterrichtenden recht schwer macht, geeignete Übungen für seinen Unterricht auszuwählen.

Die Anlage des Lehrgangs zielt darauf ab, daß die Schüler am Ende der Sekundarstufe I ein Volleyballspiel 6 gegen 6 durchführen können. Dies soll durch eine enge Verzahnung von Technik- und Spielschulung erreicht werden.

Die Unterrichtsreihen, die jeweils 15 Stunden umfassen und davon ausgehen, daß das Spiel in der Jahrgangsstufe 5 eingeführt wird, sollen es der Lehrkraft ermöglichen, das Volleyballspiel auch ohne weitreichende spezifische Kenntnisse unterrichten zu können. Da die einzelne Unterrichtsreihe selten 'en bloc' durchgeführt werden kann, wurden die jeweiligen Lernsequenzen bewußt klein gehalten, weil Vorheriges wieder aufgegriffen werden muß. Wenn das Volleyballspiel erst in der Jahrgangsstufe 8 eingeführt wird, müssen die Unterrichtsreihen I + II gestrafft erarbeitet werden.

Die Stundeninhalte orientieren sich an den Anforderungen der jeweiligen Jahrgangsstufe und vermeiden in bezug auf das Spiel einen zu frühen Übergang zum regelgerechten Spiel 6 gegen 6. Nur so können Mißerfolgserlebnisse bei den Schülern ausgeschaltet werden, die zwangsläufig dazu führen, die Freude am Volleyballspiel zu verlieren.

1 UNTERRICHTSREIHEN

1.1 Vorbemerkungen

Die Unterrichtsreihen I - IV, die vorab in einer Übersicht
(S. 6) dargestellt sind, umfassen jeweils 15 Stunden. Zu den
einzelnen Stunden ist zu sagen, daß es sich um Vorschläge
handelt, die den jeweiligen institutionellen Gegebenheiten
angepaßt werden müssen und dem Benutzer als Leitlinie dienen
sollen. Es ist empfehlenswert, schon sehr früh Technik- und
Spielschulung im gleichen Verhältnis innerhalb einer Stunde
zu berücksichtigen, damit später nicht immer wieder Schwierigkeiten bei der Spieldurchführung auftreten.
Die in den Stundenvorschlägen verwendeten Begriffe seien
hier kurz erläutert:
Der Ausdruck 'Elemente' weist den Stundeninhalt in technischer,
kognitiver und taktischer Hinsicht aus, wobei das 'Element'
Taktik nicht gesondert genannt, sondern dem entsprechenden
Spiel zugeordnet ist.
Der Begriff 'Medien' wird hier global verstanden und beinhal-
tet Bälle, Geräte und Medien im engeren Sinne (Film, Phasenbilder, Tafel, etc.). Grundlegende Medien wie Bälle, Doppel-
zauberschnur/ Netz, Hochsprungständer und Tafel werden nur
für die 1. Stunde einer jeden Reihe ausgewiesen. Ergänzungen
erscheinen bei den einzelnen Stunden.
Zu den Aufwärmübungen ist zu sagen, daß diese nicht primär
volleyballspezifisch sind, sondern die allgemeine physische
Leistungsfähigkeit der Schüler fördern sollen.

1.2 Übersicht über die Unterrichtsreihen

	Technik	Spiele	Taktik	Regeln
Unterrichtsreihe I (U-R I)	Beidhändiger Wurf und Fangen	1 mit 1	Frontale Stellung zum Ball; Beobachtung des fliegenden Balles; hohes Abspiel	Fangstelle = Abwurfstelle
	Stoßen und Fangen des Balles, mit Richtungsänderung, im Sprung	1 gegen 1	Raumdeckung; Beobachtung des Gegners	
		2 mit 2	Raumaufteilung; hohes Zuspiel zum Partner	Abspiel zum Partner an der Schnur
	Pritschen	2 gegen 2	Anspiel von ungedeckten Stellen	
Unterrichtsreihe II (U-R II)	Richtungspritschen		Blick- und Rufkontakt mit dem Partner	Anpritschrecht bei Punktgewinn; Rotation, hier Seitentausch
	Baggern	3 mit 3 mit Zwischenspiel	Diagonales Zuspiel; Aufstellung im Dreieck	
		3 gegen 3		Spieleröffnung durch Pritschen von rechts; Zählweise; Überschreiten der Mittellinie

	Technik	Spiele	Taktik	Regeln
Unterrichtsreihe III (U-R III)	Aufgabe von unten Pritschen nach Seitwärts- und Rückwärtsbewegung Sprungpritschen Aufgabe von oben Baggern seitlich	Kleinfeld-VB 3 gegen 3 4 mit 4	Annahme der Aufgabe im Zweierriegel; Spielaufbau durch Spieler an der Schnur; Lösen von der Schnur bei Aufgabe oder Angriff des Gegners	Aufgabe hinter der Grundlinie
Unterrichtsreihe IV (U-R IV)	Schmettern Abwehrbagger Einer-Block	Kleinfeld-VB 4 gegen 4 6 mit 6 6 gegen 6	Annahme der Aufgabe: 1 Spieler an der Schnur, 3 Spieler im Halbkreis Spielaufbau über einen Spieler an der Schnur Spielaufbau über Pos. III Fünferriegel bei Annahme der Aufgabe und bei Feldverteidigung	Grund- und Netzspieler Aufstellungsregeln

1.3 Zeichenerklärung

- Spieler/ oberes Zuspiel

- Spieler mit Ball/ Beginn einer Übung

- Zwischenspiel über dem Kopf

- Spieler nach der Bewegung

- Spieler/ unteres Zuspiel + Abwehrbagger

- Spieler/ Aufgabe von oben und von unten;
Angriffsschlag

- Einer-Block

- Flugweg des Balles

- Laufweg des Spielers

- Zuspiel über den Boden

- Angriffsrichtung

- Zauberschnur/ Netz

X - Hochsprungständer

- kleiner Kasten

- Kegel

1.4 Unterrichtsreihe I

1. Std.- Thema: Ballgewöhnung

Unterrichtsschwerpunkte

Technische Elemente: Schlagformen mit der Hand

Kognitive Elemente : Gespräch über das Volleyballspiel,
                     Film 'Minivolleyball' zur Einstimmung
                     auf das Thema

Spiel 1 mit 1 (Spielreihe, S. 8o)

Medien

Soft- und Volleybälle, 1 Doppelzauberschnur mit Sichtmarkierer, 4 Hochsprungständer, Tafel, Tesakrepp, Film 'Mini-
volleyball' (Nr. 36 o7o7), S. 117.

Phasen

1 Aufwärmen

   - Lauf im freien Raum (keiner darf den anderen berühren),
     evtl. Raumbegrenzung.

   - Rumpfbeugen im Sitz mit gegrätschten Beinen (beide
     Hände werden abwechselnd zur rechten und linken Fuß-
     spitze geführt; Beine liegen flach auf dem Boden).

   - Liegestütz vorlings (der Körper ist gestreckt; keine
     Pause am Boden).

   - Sprint über 18m zwischen den Volleyballseitenlinien und
     den seitlichen Verlängerungen, die mit der Hand berührt
     werden müssen; der Start erfolgt auf Pfiff.

2 Erarbeiten

   - Jonglieren des Balles mit der Handfläche (re./lks.),
     Hochwerfen und Fangen des Balles mit der Handfläche.

   - Hochspielen des Balles mit der rechten und linken Hand
     im Wechsel bei festgestelltem Handgelenk (Höhe langsam
     steigern). Wer schafft 1o Ballberührungen?

   - Schlagen des Balles gegen die Wand, auch mit der 'schwa-
     chen' Hand, dann Fangen des Balles.

   - Schlagen des Balles auf ein Ziel an der Wand (bessere
     Schüler).

   - Schlagen des Balles zum Partner, der den Ball fängt.
     Wechselseitiges Üben. Die Entfernung zwischen den Spie-
     lern wird langsam erweitert und die Flughöhe des Balles
     gesteigert. Nach dem Schlag wird der Boden mit der Hand
     berührt.

   - wie vor, jedoch wird der Ball mit dem Handrücken ge-
     spielt.

   - Schlagen des Balles mit dem Handrücken gegen die Wand.

2. Std.- Thema: Ballgewöhnung

Unterrichtsschwerpunkte

Technische Elemente: Schlagformen mit dem Unterarm

Kognitive Elemente : Gespräch über die Notwendigkeit der Auf-
wärm- und Wiederholungsphase

Spiel 1 mit 1 (Spielreihe, S. 8o)

Medien

Phasen

1 Aufwärmen

- Lauf in einer Reihe, evtl. zu Paaren; im Lauf auf Pfiff
abstoppen, rückwärts laufen oder sich hinsetzen.

- 'Schubkarre' über die Länge der kurzen Hallenseite, dann
Wechsel der Übenden. Der Partner faßt den Übenden an den Bei-
nen zwischen Hüfte und Kniegelenk - bessere Kontrolle der
Bewegungen. Kein Wettkampf!!!

- Aufrichten des Oberkörpers in der Bauchlage auf Zeichen.
Die Arme befinden sich in Vorhalte.

- 'Froschhüpfen' über die Länge der kurzen Hallenseite; möglichst wenige Sprünge.

2 Wiederholen

- Jonglieren des Balles mit der Handfläche und dem Handrücken;
Zählen der gelungenen Versuche.

- Schlagen des Balles mit der Handfläche zum Partner, der den
Ball in Kopfhöhe fängt. Nach jedem Schlag wird ein Liegestütz
ausgeführt.

3 Erarbeiten

- Jonglieren des Balles mit dem Unterarm (re. und lk. Arm),
Hochwerfen, Abspringen-lassen und Fangen des Balles.

- Hochspielen des Balles mit dem Unterarm, re./lks. im Wechsel;
evtl. in der Bewegung.
Durch den Aufbau von Hindernissen kann die Übung erschwert
werden (bessere Schüler).

3. Std.- Thema: Volleyballähnliches Zuspiel

Unterrichtsschwerpunkte

Technische Elemente: Stoßen und Fangen des Balles im Stand und
in der Bewegung

Kognitive Elemente : Demonstration und Beschreibung des Stoßens
und Fangens des Balles:
Stoßen - Ganzkörperstreckung aus tiefer
Grätschschrittstellung
Fangen - beidhändig vor der Stirn in tiefer
Grätschschrittstellung

Spiel 1 mit 1 (Spielreihe, S. 81)

Medien

Phasen

1 Aufwärmen

- Lauf im Raum ohne Berührung der anderen Schüler mit Stoppen
und Hinlegen auf Pfiff.

- Aus der Rückenlage Drücken in die Brücke.

- 'Ruderübung' - Anziehen und Strecken der Beine im Schwebesitz. Die Beine werden einige Zentimeter über dem Boden gehalten, die Hände stützen den Oberkörper ab. Die Ausführung
erfolgt auf Ansage.

- Bockspringen und Durchkriechen - A springt über B und
kriecht anschließend durch die gegrätschten Beine von B.
Nach der Ausführung Rollentausch.

2 Wiederholen

- Schlagen des Balles mit der Handfläche zum Partner, der den
Ball vor der Stirn fängt. Wechselseitiges Üben.

- Schlagen des Balles mit der Handfläche gegen die Wand; der
Partner fängt den abspringenden Ball vor der Stirn. Die
Übenden stehen hintereinander vor der Wand; nach dem Schlag
muß der Platz sofort für den Fänger geräumt werden.

- Schlagen des Balles mit dem Unterarm zum Partner, der den
Ball vor der Stirn fängt. Wechselseitiges Üben.

3 Erarbeiten

- Genaues, hohes Zuspiel zum Partner mit anschließendem Lauf
in Richtung Partner (ca. 2m) und Einnahme der Bereitschafts-
stellung (Grätschschrittstellung, Hände in Schulterhöhe),
dann Rückkehr zur Ausgangsposition. Wechselseitiges Üben.

- Ungenaues, hohes Zuspiel (seitlich vor, neben oder hinter
den Partner, der den Ball erlaufen muß).

- Hohes Zuspiel über die Schnur (ca. 2,5m hoch) bei seitlicher Bewegung. <u>Hinweis</u>: Abspiel aus dem Stand, dann laufen und fangen im Stand.

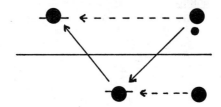

4. Std.- Thema: Ballbehandlung

<u>Unterrichtsschwerpunkt</u>
Punktuelle Lernerfolgsüberprüfung

<u>Medien</u>
Kontrollbogen Nr. 1, S. 11o, Bleistifte.

<u>Phasen</u>
1 Aufwärmen
   - Läufe und Laufspiele
   - Bekannte Übungen zur Ballgewöhnung

2 Erklärung der Überprüfung
   1 Hochspielen des Balles ohne Unterbrechung
      'Starke Hand' - 5 Kontakte ohne Unterbrechung
      'Schwache Hand' - 3 Kontakte ohne Unterbrechung
      'Rechte/linke Hand' im Wechsel - 2 Kontakte je Hand

   2 Hochspielen des Balles mit dem Unterarm
      'Starker Arm' - 5 Kontakte ohne Unterbrechung
      'Schwacher Arm' - 3 Kontakte ohne Unterbrechung
      'Rechter/linker Arm' im Wechsel - 2 Kontakte je Arm

Der Schüler darf 2x zu einer Serie ansetzen.

Die Überprüfung gilt als bestanden, wenn der Schüler 5o% der geforderten Aufgaben erfüllt.

3 Zielschlagen mit der Handfläche

Ziel = das gesamte Basketballbrett oder ein Ziel an der Wand von gleicher Größe

Entfernung zum Ziel = 3m

Jeder Schüler hat 1o Versuche.

Die Überprüfung gilt als bestanden, wenn der Schüler 5 oder mehr Treffer erzielt.

Die einzelnen Aufgaben werden paarweise durchgeführt – ein Schüler führt die Aufgaben durch, sein Partner notiert die Ergebnisse. Lehrer und Schüler werten die Bögen gemeinsam aus.

5. Std.- Thema: Volleyballähnliches Zuspiel

Unterrichtsschwerpunkte

Technische Elemente: Stoßen und Fangen des Balles im Sprung und mit Richtungsänderung

Kognitive Elemente : Bewegungsbeschreibung 'Stoßen und Fangen des Balles'
Hinweis zum Sprungabspiel – der Ball soll im höchsten Punkt des Sprunges die Hände verlassen.
Hinweis zum Richtungsabspiel – vor dem Abspiel erfolgt eine Körperdrehung in die neue Spielrichtung.

Spiel 1 gegen 1 (Spielreihe, S. 81)

Medien

Phasen

1 Aufwärmen

- Lauf in verschiedenen Formen, ergänzt durch Zusatzübungen.

- Rumpfbeugen – die Arme werden aus der Hochhalte bis zum Boden zwischen den Füßen geführt; Nachfedern an den Endpunkten der Bewegung.

- Liegestütz vorlings – die Beine des Übenden werden vom Partner ca. 3o cm hoch gehalten.

- Sprint aus dem Sitzen oder Liegen über 18m zwischen den
  Volleyballseitenlinien und den seitlichen Verlängerungen,
  die mit der Hand berührt werden müssen; der Start erfolgt
  auf Pfiff.

2 Wiederholen

- Hohes Zuspiel zum Partner über die Schnur mit anschließendem Lauf in Richtung Partner (ca. 2m) und Einnahme der Be-
  reitschaftsstellung, dann Rückkehr zur Ausgangsposition.

- Hohes Zuspiel zum Partner über die Schnur bei seitlicher
  Bewegung.

3 Erarbeiten

- Stoßen und Fangen des Balles im Sprung in Paaren.

- Stoßen und Fangen des Balles im Dreieck.

- Stoßen und Fangen des Balles im Dreieck mit Nachlaufen.

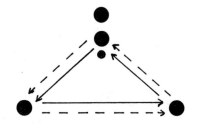

6. Std.- Thema: Volleyballähnliches Zuspiel

Unterrichtsschwerpunkte

Technische Elemente: Übung des Stoßens und Fangens des Balles
mit Richtungsänderung und über größere
Entfernungen

Kognitive Elemente : Bewegungsbeschreibung 'Stoßen und Fangen
des Balles'
Hinweis - der Ball wird vor den Mitspieler
gespielt.

Spiel 1 gegen 1 (Spielreihe, S. 81)

Medien

Phasen

1 Aufwärmen

- Schattenlaufen in kleinen Gruppen: die Bewegungen des ersten
der Gruppe werden von den übrigen Schülern nachvollzogen;
die Gruppen sollen sich beim Laufen nicht behindern.

- Ruderübung - A + B sitzen im Strecksitz (Beine gegrätscht,
Fußsohle an Fußsohle) mit Handschluß einander gegenüber;
wechselseitiges Ziehen, wobei A nachgibt, wenn B zieht.

- Anheben des Oberkörpers aus der Rückenlage und Beugen in
Richtung Beine; die Arme sind hinter dem Kopf verschränkt;
die Beine werden vom Partner am Boden gehalten.

- 'Zonenlauf' - Lauf in Gruppen innerhalb der Abmessungen des
Volleyballfeldes (9-3-6-3-9 m).

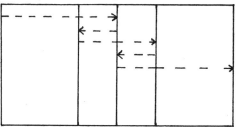

2 Wiederholen

- Hohes Abspiel zu zweit an die Wand (Höhe ca. 3m); der Fänger steht so zur Wand, daß er das Abspiel nicht sehen kann.
Die Drehung erfolgt auf Zuruf. Wechselseitiges Üben.

- Stoßen und Fangen des Balles im Sprung zu zweit.

3 Erarbeiten

- Stoßen und Fangen des Balles im Dreieck mit Nachlaufen; die
Entfernung zwischen den Spielern wird entsprechend ihrem
Können erweitert.

- Stoßen und Fangen des Balles im Viereck mit Nachlaufen.

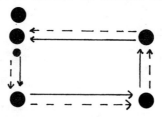

- Stoßen und Fangen des Balles im Kreis: der Ball wird in der Kreismitte hoch gespielt; der Fänger wird vom Mittelspieler aufgerufen und ist neuer 'Werfer'.

7. Std.- Thema: Volleyballähnliches Zuspiel

Unterrichtsschwerpunkte

Technische Elemente: Festigung des Stoßens und Fangens des Balles mit Richtungsänderung; Überkopfabspiel

Kognitive Elemente : Demonstration und Bewegungsbeschreibung des Überkopfabspiels
Hinweis - die Körperstreckung erfolgt rückwärts/aufwärts

Spiel 1 gegen 1 (Spielreihe, S. 81)

Medien

Medizinbälle.

Phasen

1 Aufwärmen

- Lauf in der Reihe mit Zusatzübungen (1 Pfiff=Hinhocken; 2 Pfiffe=Strecksprung; 3 Pfiffe=Hinlegen).
- Stoßen des Medizinballes zum Partner, rechter/linker Arm im Wechsel. Sicherheitsabstand!!!
- Wurf des Medizinballes rückwärts durch die Beine zum Partner.
- 'Froschhüpfen' über die Länge der kurzen Hallenseite mit möglichst wenigen Sprüngen.

2 Wiederholen

- Stoßen und Fangen des Balles im Dreieck mit Nachlaufen.
- Stoßen und Fangen des Balles im Kreis.

3 Erarbeiten

- Überkopfabspiel zu dritt; der Mittelspieler wird nach
  einigen Wiederholungen ausgewechselt.

- Sprungabspiel und Fangen des Balles im Viereck mit Nachlaufen.

8. Std.- Thema: Stoßen und Fangen des Balles

Unterrichtsschwerpunkt
Punktuelle Lernerfolgsüberprüfung

Medien
Kontrollbogen Nr. 2, S.111, Bleistifte.

Phasen
1 Aufwärmen

- Die Schüler spielen sich paarweise ein.

2 Erklärung der Überprüfung

  1 Beobachtungsinhalt:

    Abspiel des Balles mit Ganzkörperstreckung
    Hohes Abspiel zum Partner

    Annahme des Balles vor der Stirn
    Annahme des Balles in der tiefen Grätschschrittstellung

    In-Stellung-Laufen vor Annahme des Balles

  2 Beurteilungskriterium: Qualität der Ausführung

Die Beurteilung erfolgt auf der Basis der Schulnoten.

Die Demonstration gilt als bestanden, wenn die Note 'befriedigend' als Mittelwert erzielt wird.

Die Demonstration dauert ca. 1' pro Paar.

9. Std.- Thema: Oberes Zuspiel (Pritschen)

Unterrichtsschwerpunkte

Technische Elemente: Einführung des oberen Zuspiels

Kognitive Elemente : Lehrerdemonstration oder Film 'Oberes Zuspiel mit Beobachtungsaufgabe - Handhaltung beim Pritschen

Spiel 1 gegen 1 (Kurzturnier)

Medien

Turnbänke, Film 'Oberes Zuspiel' (Nr. 36 o712), S. 119, Phasenbilder, S. 95.

Phasen

1 Aufwärmen

- Lauf in verschiedenen Geschwindigkeiten nach Ansage.
- Liegestütz vorlings; die Beine werden auf eine Turnbank gelegt.
- Aufrichten aus der Rückenlage bis zur Senkrechten; die Arme werden hinter dem Kopf verschränkt; die Beine werden auf die Bank gelegt und dort vom Partner gehalten.
- Schlußsprünge über die Turnbank.

2 Erarbeiten

- Hochwerfen des Balles, Lauf unter den Ball und Fangen in Pritschhaltung vor der Stirn.

- Hochwerfen des Balles, Berührung des Bodens mit einer Hand und Fangen des Balles in Pritschhaltung vor der Stirn.

- Hochwerfen des Balles, Abspringen des Balles aus den 'vorgespannten' Fingern und Fangen.

- Hochwerfen des Balles, mehrfaches Abspringen des Balles aus den 'vorgespannten' Fingern (evtl. mit leichter Beinunterstützung) und Fangen.

1o. Std.- Thema: Oberes Zuspiel

Unterrichtsschwerpunkte

Technische Elemente: Übung des oberen Zuspiels

Kognitive Elemente : Bewegungsbeschreibung 'oberes Zuspiel' mit visueller Hilfe (Phasenbilder; Betonung der Hand- und Fingerstellung

Spiel 2 mit 2 (Spielreihe, S. 82)

Medien

Phasenbilder 'oberes Zuspiel', S. 95.

Phasen

1 Aufwärmen

- Lauf in der Reihe - Trab und Sprint (lange Hallenseite) im Wechsel.

- 'Schubkarre' über die Länge der kurzen Hallenseite. Kein Wettkampf !!!

- Drücken aus der Rückenlage in die Brücke.

- Rumpfbeugen im Sitz mit gegrätschten Beinen (beide Hände werden abwechselnd zur rechten und linken Fußspitze geführt; am Endpunkt Nachfedern; Beine liegen flach auf dem Boden).

- 'Froschhüpfen' über die Länge der kurzen Hallenseite in möglichst wenigen Sprüngen.

2 Wiederholen

- Hochwerfen des Balles, Abspringen des Balles aus den 'vorgespannten' Fingern und Fangen.
- Hochwerfen des Balles, mehrfaches Abspringen des Balles aus
  den 'vorgespannten' Fingern (evtl. mit Beinunterstützung)
  und Fangen.

3 Erarbeiten

- Hochwerfen des Balles, Abspringen des Balles aus den 'vor-
  gespannten' Fingern im Vorwärtsgehen und Fangen.
- Prellen des Balles auf den Boden, Lauf unter den Ball, Ab-
  springen des Balles aus den 'vorgespannten' Fingern und
  Fangen.
- Wurf des Balles gegen die Wand, Abspringen des Balles aus
  den 'vorgespannten' Fingern und Fangen.
- Abspringen des zugeworfenen Balles über die Schnur und
  Fangen; Einnahme der Grätschschrittstellung bei der Ball-
  annahme.

11. Std.- Thema: Oberes Zuspiel

Unterrichtsschwerpunkte
Technische Elemente: Gesamtbewegung des oberen Zuspiels
Kognitive Elemente : Beschreibung der Gesamtbewegung 'oberes
                     Zuspiel' anhand von Phasenbildern
Spiel 2 mit 2 (Spielreihe, S. 82)

Medien
Medizinbälle, Phasenbilder 'oberes Zuspiel', S. 95.

Phasen
1 Aufwärmen

- Lauf in der Reihe mit Reaktionsübungen.
- Zuwerfen eines Medizinballes wie Fußballeinwurf zu zweit.
  Sicherheitsabstand!!!
- Zurollen eines Medizinballes durch die Beine rückwärts.
- Bockspringen zu zweit über die kurze Hallenseite.

2 Wiederholen

- Wurf des Balles gegen die Wand, Abspringen des Balles aus den 'vorgespannten' Fingern und Fangen.
- Abspringen des zugeworfenen Balles über die Schnur und Fangen; Einnahme der Grätschschrittstellung bei der Ballannahme.

3 Erarbeiten

- Hochwerfen des Balles, Aufsprung desselben auf dem Boden, Lauf unter den Ball und Hochpritschen.
- wie vor, aber Pritschen des Balles über die Schnur in Richtung Partner, Lauf bis zur Schnur und Rückkehr zur Ausgangsposition.
- Hochpritschen des zugeworfenen Balles, Fangen und Wurf zum Partner.
- Direktes Zurückpritschen des zugeworfenen Balles über die Schnur zum Partner im Wechsel.

12. Std.- Thema: Oberes Zuspiel

Unterrichtsschwerpunkte

Technische Elemente: Übung der Gesamtbewegung des oberen Zuspiels

Kognitive Elemente : Film 'oberes Zuspiel' zur mentalen Festigung der Bewegung

Spiel 2 mit 2 (Spielreihe, S. 83)

Medien

Film 'oberes Zuspiel' (Nr. 36 o712), S. 119.

Phasen

1 Aufwärmen

- Lauf mit Zusatzübungen.
- Hochspielen des Balles in der Bewegung, rechter/linker Arm im Wechsel.
- Hüftkreisen; die Schulter bleibt in der horizontalen Ebene.
- Rumpfbeugen mit Partner; die Übenden legen sich die Hände gegenseitig auf die Schultern; tiefes Nachfedern.
- Gang in tiefer Hocke.

2 Wiederholen

- Aufspringen des zugeworfenen Balles, Lauf unter den Ball und Zurückpritschen zum Partner.
- Direktes Zurückpritschen des zugeworfenen Balles über die Schnur zum Partner im Wechsel.

3 Erarbeiten

- Direktes Pritschen über die Schnur; Betonung des hohen Abspiels, geringer Abstand der Übenden zur Schnur.
- Pritschen mit Zwischenspiel über dem Kopf - A pritscht den Ball zu B, läuft 2m in Richtung B, berührt den Boden mit der Hand und kehrt zur Abspielstelle zurück; B spielt den Ball in der Zwischenzeit überkopf hoch, dann Abspiel zu A.
- Zuspiel in der Bewegung mit Zwischenspiel vor dem Abspiel (bessere Schüler).

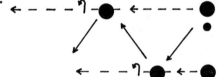

13. Std.- Thema: Oberes Zuspiel

Unterrichtsschwerpunkte

Technische Elemente: Verbesserung der Gesamtbewegung des oberen Zuspiels

Kognitive Elemente : Analyse von Fehlerbildern zum oberen Zuspiel; Vergleich von Phasen- und Fehlerbildern

Spiel 2 gegen 2 (Spielreihe, S. 83)

Medien

Phasen- und Fehlerbilder zum oberen Zuspiel, S. 95; 1o3.

Phasen

1 Aufwärmen

- Lauf in verschiedenen Formen (seitwärts, rückwärts, etc.).
- Senken der gestreckten Beine hinter den Kopf aus der 'Kerze', dann Rückkehr in die Ausgangsposition.
- Liegestütz vorlings als Kreisbewegung.
- Heben des Oberkörpers aus der Bauchlage auf Ansage; die Arme sind nach vorn gestreckt.
- 'Hucke-pack'-Tragen des Partners über die kurze Hallenseite.

2 Wiederholen

 - Direktes Pritschen zwischen den Partnern über die Schnur.

 - Zuspiel in der Bewegung mit Zwischenspiel vor dem Abspiel.

3 Erarbeiten

 - Direktes Pritschen über die Schnur bei größerer Entfernung
   zur Schnur (ca. 2m); Bodenberührung mit der Hand nach dem
   Abspiel.

 - Pritschen im Winkel mit Zwischenspiel; Laufweg ca. 3 - 4m.

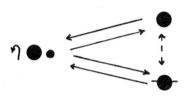

 - Direktes Pritschen zwischen sich gegenüber stehenden Reihen
   über die Schnur mit Nachlaufen; nach Erreichen der Gegen-
   reihe 1 Liegestütz.

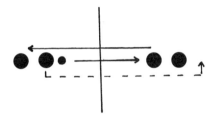

14. Std.- Thema: Oberes Zuspiel

Unterrichtsschwerpunkte

Technische Elemente: Festigung der Gesamtbewegung des oberen
                     Zuspiels
Kognitive Elemente : Gespräch über das unterschiedliche Ball-
                     material
Spiel 2 gegen 2 (Spielreihe, S. 83)

Medien

Phasen

1 Aufwärmen

    - Lauf mit verschiedenen Zusatzübungen.

    - 'Schubkarre' über die Länge der kurzen Hallenseite.
      Kein Wettkampf!!!

    - 'Partner-heben' - A + B stehen Rücken an Rücken mit einge-
      hakten Armen. A beugt sich vor und hebt B, so daß dieser auf
      dem Rücken von A liegt; dann Umkehr der Bewegung.

    - Kniebeugen zu zweit - A + B stehen Rücken an Rücken mit ein-
      gehakten Armen und gehen aus dieser Position in die tiefe
      Hocke, dann Aufstehen ohne Lösung der Armverbindung.

2 Wiederholen

    - Direktes Pritschen über die Schnur zum Partner; die Entfer-
      nung zwischen den Übenden richtet sich nach ihrem Können;
      nach jedem Abspiel ein seitlicher Ausfallschritt.

    - Pritschen im Winkel mit Zwischenspiel; der Laufweg wird für
      bessere Schüler erweitert.

3 Erarbeiten

    - Direktes Pritschen im Winkel gegen die Wand.

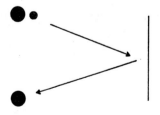

- Direktes Pritschen gegen die Wand mit Zusatzaufgabe - A spielt
den Ball so lange gegen die Wand, bis B die Zusatzaufgabe
(Lauf zu einer ca. 3m entfernten Markierung, dort 2 Liegestütz
und Rückkehr zur Ballübernahme) erfüllt hat. Der Ball soll
bei der Übergabe in der Luft bleiben.

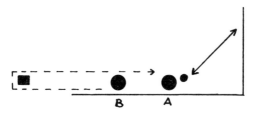

- Zuspiel und Bewegung - A + B stehen frontal im Abstand von
ca. 2m zueinander; A pritscht zu B, B dann zu A; Zwischenspiel von A mit halber Drehung, dann Abspiel von A zu B 1.
Diese Position ist in der Zwischenzeit von B eingenommen
worden.

15. Std.- Thema : Oberes Zuspiel

Unterrichtsschwerpunkt

Punktuelle Lernerfolgsüberprüfung

Medien

Kontrollbogen Nr. 3, S. 111, Bleistifte.

Phasen

1 Aufwärmen

    - Die Schüler spielen sich paarweise ein.

2 Erklärung der Überprüfung: Oberes Zuspiel zu zweit

    1 Beobachtungsinhalt:

       Bereitschaftsstellung
       In-Stellung-Laufen
       Handhaltung im Moment des Ballabspiels
       Abspiel mit Ganzkörperstreckung aus tiefer Grätschschritt-
       stellung
       Hohes, genaues Abspiel zum Partner

2 Beurteilungskriterium: Qualität der Ausführung

Die Beurteilung erfolgt auf der Basis der Schulnoten.

Die Demonstration gilt als bestanden, wenn die Note 'befriedigend' als Mittelwert erzielt wird.

Die Demonstration dauert ca. 1 - 2' pro Paar.

1.5 Unterrichtsreihe II

1. Std.- Thema: Oberes Zuspiel

Unterrichtsschwerpunkte

Technische Elemente: Übung der Gesamtbewegung des oberen
                    Zuspiels nach voraufgegangener Bewegung
Kognitive Elemente : Verbalisierung der Hauptbewegungsmerk-
                    male nach der Filmbetrachtung
Spiel 2 mit 2 (Spielreihe, S. 83)

Medien

Soft- und Volleybälle, 1 Doppelzauberschnur mit Sichtmarkierer, 4 Hochsprungständer, Tafel, Tesakrepp, Film 'Oberes
Zuspiel' (Nr. 36 o712), S. 119.

Phasen

1 Aufwärmen

- Lauf mit verschiedenen Zusatzübungen.

- Klettern an Tauen/Stangen; es sollte eine Strecke von
  ca. 2m geschafft werden.

- Rückführen eines Balles hinter den Kopf - die Schüler
  liegen auf dem Rücken und führen einen zwischen den
  Füßen gehaltenen Ball bei gestreckten Beinen bis hinter
  den Kopf; danach Rückkehr zur Ausgangsposition.

- Sprint aus dem Sitzen oder Liegen über 18m zwischen den
  Volleyballseitenlinien und deren seitlichen Verlängerungen, die mit der Hand berührt werden müssen; der Start
  erfolgt auf Pfiff.

2 Wiederholen

- Hochpritschen und Abspringen des Balles aus den 'vorgespannten' Fingern, evtl. auch in der Bewegung.

- Fortlaufendes Hochpritschen in der Bewegung, evtl. Ein-
  engung des Raumes.

- Hohes Pritschen zum Partner, der den Ball 1x auf dem
  Boden aufspringen läßt und dann zurückspielt.

3 Erarbeiten

- Direktes Pritschen eines zugeworfenen Balles; der Werfer führt nach dem Wurf einen weiten Seitausfallschritt
  aus.

- Direktes Pritschen eines ungenau vor den Übenden geworfenen Balles. Der Werfer berührt nach dem Wurf mit der Hand den Boden.

- Direktes Pritschen eines seitlich vom Übenden geworfenen Balles; hohes, frontales Zurückpritschen. Der Werfer fängt den Ball.

2. Std.- Thema: Oberes Zuspiel

Unterrichtsschwerpunkte

Technische Elemente: Verbesserung der Gesamtbewegung des oberen
Zuspiels nach voraufgegangener Bewegung

Kognitive Elemente : Gespräch über die Notwendigkeit des Aufwär-
mens und die Wirkung einzelner Übungen

Spiel 2 mit 2 (Spielreihe, S. 83)

Medien

Basketbälle.

Phasen

1 Aufwärmen

- Lauf mit verschiedenen Reaktionsübungen.

- Beidarmiges Passen mit Basketbällen.

- Aufrichten aus der Rückenlage zum Sitz; der Ball wird auf der Brust gehalten; der Partner hält die Beine des Übenden am Boden.

- 'Ballraufen' - die Partner fassen den Ball und versuchen, sich über eine Linie zu ziehen.

2 Wiederholen

- Direktes Pritschen zugeworfener Bälle - die Schüler wiederholen selbständig Übungsformen der Vorstunde.

3 Erarbeiten

- Direktes Pritschen nach einer Vorwärtsbewegung; nach dem
  Abspiel Anschluß an die Reihe und ein Liegestütz.

- Direktes Pritschen in der Reihe und Übernahme der Zuspieler-
  position; der Zuspieler schließt sich an die Reihe an.

- Direktes Zuspiel nach seitlicher Bewegung.

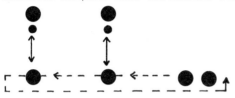

3. Std.- Thema: Oberes Zuspiel

Unterrichtsschwerpunkte

Technische Elemente: Übung der Gesamtbewegung des oberen Zuspiels
                     mit Richtungsänderung

Kognitive Elemente : Bewegungsbeschreibung 'oberes Zuspiel' ohne
                     visuelle Hilfen
                     Hinweis: vor dem Abspiel Körperdrehung in die
                     neue Spielrichtung

Spiel 2 gegen 2 (Spielreihe, S. 84)

Medien

Phasen

1 Aufwärmen

- Lauf mit Sprints an den langen Hallenseiten.

- Individuelles Aufwärmen mit dem Ball.

- 'Bockspringen' in der Reihe.

2 Wiederholen

- Direktes Pritschen in der Reihe und Übernahme der Zuspieler-
  position.
- Pritschen langer und kurzer Pässe.

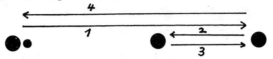

3 Erarbeiten

- Pritschen zu dritt mit Richtungsänderung im spitzen Winkel;
  nach dem Abspiel Lauf in Richtung Zuspieler und Rückkehr
  zur Anspielposition.

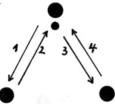

- Pritschen zu zweit mit Richtungsänderung im spitzen Winkel.

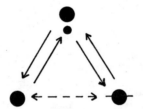

- Pritschen im Dreieck mit Zwischenspiel vor der Weiterleitung
  des Balles; nach dem Abspiel ein Liegestütz.

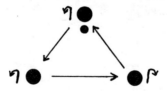

- wie vor, aber Weiterleitung des Balles ohne Zwischenspiel
  (bessere Schüler).

4. Std.- Thema: Oberes Zuspiel

Unterrichtsschwerpunkte

Technische Elemente: Verbesserung der Gesamtbewegung des oberen
                     Zuspiels mit Richtungsänderung
Kognitive Elemente : Vertiefung der Bewegungsmerkmale 'oberes
                     Zuspiel' durch Phasenbildbetrachtung
Spiel 2 gegen 2 (Spielreihe, S. 84)

Medien

Medizinbälle, Phasenbilder zum oberen Zuspiel, S. 95.

Phasen

1 Aufwärmen

   - Lauf mit Zusatzübungen.

   - Beidhändiges Zurollen des Medizinballes durch die Beine rück-
     wärts; weites Schwungholen über die Bogenspannung.

   - Zuspiel des Medizinballes mit dem Fuß (Schlenzen), so daß der
     Ball vom Partner gefangen werden kann; rechter/linker Fuß im
     Wechsel; kurze Entfernung zwischen den Übenden.

   - Medizinballweitwurf beidhändig wie Fußballeinwurf; Wurf und
     Ballholen erfolgen auf Ansage. Sicherheitsabstand!!!

   - Lauf über 3o Sek.

2 Wiederholen

   - Direktes Pritschen zu zweit; kurze und lange Pässe.

   - Pritschen im Dreieck mit Zwischenspiel.

3 Erarbeiten

   - Pritschen im Dreieck über einen rechten Winkel; kurze Ent-
     fernungen zwischen den Spielern.

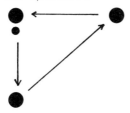

   - wie vor, aber mit Nachlaufen.

- Pritschen im Dreieck nach voraufgegangener Bewegung.

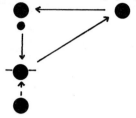

- Pritschen im Dreieck (lange Pässe) nach voraufgegangener
  Bewegung (bessere Schüler).

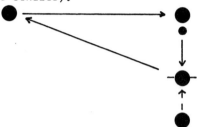

5. Std.- Thema: Oberes Zuspiel

Unterrichtsschwerpunkte

Technische Elemente: Festigung der Gesamtbewegung des oberen
Zuspiels mit Richtungsänderung

Kognitive Elemente : Gespräch über die von den Schülern durchge-
führte Aufwärmphase

Spiel 3 mit 3 (Spielreihe, S. 84)

Medien

Phasen

1 Aufwärmen

- Die Aufwärmphase wird von einem oder mehreren Schülern durchgeführt.

2 Wiederholen

- Direktes Pritschen mit Nachlaufen.

- Pritschen im Dreieck mit Nachlaufen.

3 Erarbeiten

- Pritschen im Dreieck nach voraufgegangener Bewegung.
- Pritschen im Dreieck - Annahme und Weiterleitung eines von
  der Seite gespielten Balles.

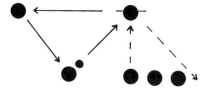

6. Std.- Thema: Unteres Zuspiel (Baggern)

Unterrichtsschwerpunkte

Technische Elemente: Einführung des unteren Zuspiels

Kognitive Elemente : Lehrerdemonstration oder Film 'Unteres
                     Zuspiel' mit Beobachtungsaufgabe - Arm- und
                     Handhaltung beim Baggern

Spiel 3 mit 3 (Spielreihe, S. 86)

Medien

Basketbälle, Turnbänke, kleine Kästen, Film 'Unteres Zuspiel'
(Nr. 36 o714), S. 119, Phasenbilder, S. 96.

Phasen

1 Aufwärmen

- Lauf mit Zusatzaufgaben.
- Liegestütz vorlings; die Füße werden auf eine Turnbank
  gelegt.
- Balancieren auf der umgedrehten Turnbank.
- Aufrichten aus der Rückenlage bis zur Senkrechten; die Hände
  befinden sich hinter dem Kopf; die Füße werden vom Partner
  auf der Bank gehalten.

- Paarweises Zuspiel eines Basketballs über größere Entfernungen.
- Schlußsprünge über die Turnbank.

2 Erarbeiten

- Hochspielen des Balles mit den Unterarmen; die Höhe wird langsam gesteigert; evtl. in Bewegung.
- Baggern des vom Boden abspringenden Balles - A läßt den Ball zu Boden fallen und baggert den zurückspringenden Ball zu B über die Schnur.
- Baggern eines zugeworfenen Balles - A sitzt auf dem kleinen Kasten und baggert im Aufstehen den von B geworfenen Ball zu diesem zurück. Die Entfernung zwischen A + B sollte nicht zu groß sein, damit der beidhändige Wurf genau erfolgen kann.
- wie vor, der Ball wird aber über die Schnur zurückgebaggert (bessere Schüler).

7. Std.- Thema: Unteres Zuspiel

Unterrichtsschwerpunkte

Technische Elemente: Übung des unteren Zuspiels
Kognitive Elemente : Wiederholung des Films 'Unteres Zuspiel',
                     Verbalisierung der Bewegung
Spiel 3 gegen 3 (Spielreihe, S. 87)

Medien

Film 'Unteres Zuspiel' (Nr. 36 o714), S. 119,
Phasenbilder, S. 96.

Phasen

1 Aufwärmen

- Lauf über 1'.
- 'Partner-heben' - A + B stehen Rücken an Rücken mit eingehakten Armen. A beugt sich vor und hebt B, so daß dieser auf dem Rücken von A liegt; dann Umkehr der Bewegung.
- 'Schubkarre' über die Länge der kurzen Hallenseite. Kein Wettkampf!!!
- Sprint aus dem Sitzen oder Liegen über 18m zwischen den Volleyballseitenlinien und deren seitlichen Verlängerungen, die mit der Hand berührt werden müssen; der Start erfolgt auf Pfiff.

2 Wiederholen

- Direktes Pritschen zu zweit; lange und kurze Pässe.
- Hochspielen des Balles mit den Unterarmen.

3 Erarbeiten

- Baggern des vom Boden hochspringenden Balles; Betonung des senkrechten Hochspielens.
- Zielbaggern - der vom Boden hochspringende Ball wird in (Basketballkorb) oder gegen (Wand) ein Ziel gebaggert.
- Fortlaufendes Hochbaggern; wer schafft die meisten Wiederholungen?
- Baggern eines zugeworfenen Balles aus dem Sitzen (schwache Schüler) oder aus dem Stehen (bessere Schüler).
- wie vor, aber der zurückgebaggerte Ball wird vor dem Fangen 1x hochgepritscht.

8. Std.- Thema: Unteres Zuspiel

Unterrichtsschwerpunkte

Technische Elemente: Verbesserung des unteren Zuspiels
Kognitive Elemente : Lehrerdemonstration oder Film 'Unteres Zuspiel' mit Beobachtungsaufgabe: Beinarbeit und Körperstreckung
Spiel 3 gegen 3 (Turnier)

Medien

Film 'Unteres Zuspiel' (Nr. 36 o714), S. 119, Phasenbilder, S. 96.

Phasen

1 Aufwärmen

- Freies Laufen im begrenzten Raum ohne Behinderung der anderen Schüler.
- Klettern an Tauen/Stangen; es sollte eine Strecke von ca. 2m geschafft werden. Schüler, die warten müssen, führen 'Froschsprünge' über die Länge der kurzen Hallenseite aus.
- 'Klappmesser' - Arme, Beine und Oberkörper werden gleichzeitig aus der Rückenlage gestreckt angehoben und berühern sich in der Senkrechten.
- Heben des Oberkörpers aus der Bauchlage; die Arme sind nach vorn gestreckt. Die Übung wird auf Ansage gemeinsam durchgeführt.

2 Wiederholen

- Hochpritschen und Baggern des Balles im Wechsel; der Ball
  sollte den Boden nicht berühren.
- Hochpritschen und Baggern gegen die Wand; zur besseren Kontrolle sollte der Ball vor dem Baggern 1x auf dem Boden aufspringen.

3 Erarbeiten

- Baggern des frontal zugeworfenen Balles über die Schnur; der
  Werfer erläuft den zurückgebaggerten Ball und pritscht ihn
  1x hoch oder fängt ihn (ungenauer Ball).
- Baggern des zugeworfenen Balles auf ein Ziel.
- Baggern des zugepritschten Balles.
- Baggern und Pritschen im Wechsel - A pritscht den Ball zu B,
  der den Ball hochbaggert und dann zu A pritscht. Dieser
  baggert den Ball usw. (bessere Schüler).

9. Std.- Thema: Unteres Zuspiel

Unterrichtsschwerpunkte

Technische Elemente: Festigung des unteren Zuspiels
Kognitive Elemente : Bewegungsbeschreibung des unteren Zuspiels
                     anhand von Phasenbildern
Spiel 3 gegen 3 (Fortsetzung des Turniers)

Medien

Phasenbilder zum unteren Zuspiel, S. 96.

Phasen

1 Aufwärmen

- Lauf mit Zusatzübungen.
- 'Wanderliegestütz' - die Beine des Übenden werden vom Partner
  gehalten; der Übende bewegt sich im Kreis auf den Händen um
  den Partner herum.
- Kniebeugen zu zweit - A + B stehen Rücken an Rücken mit ein-
  gehakten Armen und gehen aus dieser Position in die tiefe
  Hocke, dann Aufstehen ohne Lösen der Armverbindung.
- Schwebesitz - der Übende führt die gestreckten Beine von
  rechts nach links und zurück über die angehockten Beine des
  Partners. Kein Aufsetzen der Füße an den Wendepunkten der
  Bewegung.

- 'Froschhüpfen' über die Länge der kurzen Hallenseite in
  möglichst wenigen Sprüngen.

2 Wiederholen
  - Pritschen zu zweit gegen die Wand - A + B stehen hinterein-
    ander und pritschen den Ball fortlaufend und mit Platzwech-
    sel gegen die Wand.
  - Baggern des frontal zugeworfenen Balles auf ein Ziel.

3 Erarbeiten
  - Baggern eines flach zugepritschten Balles.
  - Baggern eines zugepritschten Balles über die Schnur - A
    pritscht den Ball zu B, der den Ball über die Schnur baggert.
    A erläuft den Ball und pritscht ihn 1x hoch.

  - Baggern und Pritschen im Wechsel - A pritscht den Ball flach
    zu B, der ihn hochbaggert und dann zu A zurückpritscht.

1o. Std.- Thema: Spiel 3 mit 3

Unterrichtsschwerpunkt
Punktuelle Lernerfolgsüberprüfung

Medien
1 Stoppuhr pro Spiel, Kontrollbogen Nr. 4, S. 112, Bleistifte.

Phasen
1 Aufwärmen
  - Das Aufwärmen wird in den Mannschaften selbständig durchge-
    führt.

2 Erklärung der Überprüfung

Die Mannschaften spielen mit dem Ziel, den Ball möglichst lange durch Pritschen in der Luft zu halten. Der Ball wird zu Spielbeginn und nach einem Fehler von Pos. 2 durch Pritschen über die Schnur ins Spiel gebracht. Mit jedem 'Anpritschen' erfolgt eine Rotation wie im regelgerechten Spiel. Vor dem Abspiel über die Schnur muß jeder Spieler einer Mannschaft den Ball berühren.

Wertung: Gezählt werden die positiven und negativen (Fehler) Ballberührungen jeder Mannschaft und mit den Symbolen '+' oder '-' in den Kontrollbogen eingetragen.

Die Überprüfung dauert 1o' effektive Spielzeit.

Von Spielfähigkeit kann man sprechen, wenn 5o% der Ballberührungen innerhalb einer Mannschaft korrekt ausgeführt sind.

Für die Durchführung der Überprüfung werden 1 Schiedsrichter, 1 Protokollant, 1 Ansager für die Ballberührungen und 1 Zeitnehmer benötigt.

11. Std.- Thema: Unteres Zuspiel

Unterrichtsschwerpunkte

Technische Elemente : Einführung der Gesamtbewegung des unteren
                                Zuspiels nach voraufgegangener Bewegung

Kognitive Elemente : Analyse von Fehlerbildern 'unteres Zuspiel'

Spiel 3 mit 3 (Fortsetzung der Lernerfolgsüberprüfung)

Medien

Medizinbälle, Fehlerbilder zum unteren Zuspiel, S. 1o4;
Kontrollbogen Nr. 4, S. 112.

Phasen

1 Aufwärmen

- Lauf mit Sprints an den langen Hallenseiten.

- Hohes Passen des Medizinballes zu zweit; Betonung der Körperstreckung.

- Zureichen des Medizinballes über den Kopf und durch die Beine
A + B stehen Rücken zu Rücken (ca. 1m Abstand). Der Ball wird von A über den Kopf zu B gereicht, der ihn durch die Beine zu A zurückgibt.

- Zuwurf des Medizinballes - A wirft den Ball im Aufrichten aus der Rückenlage zu B, der den Ball im Strecksitz fängt und dann seinerseits in die Rückenlage geht, dann Umkehr der Bewegung.

- 'Froschhüpfen' über die Länge der kurzen Hallenseite in möglichst wenigen Sprüngen.

2 Wiederholen

- Pritschen zu zweit über die Schnur; welches Paar schafft die meisten Ballwechsel?
- Baggern des zugepritschten Balles.

3 Erarbeiten

- Baggern eines kurz geworfenen und vom Boden abspringenden Balles nach Vorwärtsbewegung. Der Werfer führt nach dem Wurf eine Kniebeuge aus.
- wie vor, aber in Dreiergruppen mit 2 Bällen.

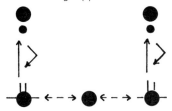

- Baggern eines kurz geworfenen und vom Boden abspringenden Balles auf ein Ziel (Wand, etc.).

12. Std.- Thema: Unteres Zuspiel

Unterrichtsschwerpunkte

Technische Elemente: Übung der Gesamtbewegung des unteren Zuspiels nach voraufgegangener Bewegung

Kognitive Elemente : Bewegungsbeschreibung 'unteres Zuspiel' ohne visuelle Hilfe, Betonung der Bewegung zum Ball

Spiel 3 mit 3 (Spielreihe, S. 86)

Medien

Phasen

1 Aufwärmen

- Lauf mit Zusatzübungen.

- 'Wandliegestütz' mit Belastung durch den Partner.

- Rumpfbeugen zu zweit - A + B stehen sich mit leicht gegrätschten Beinen frontal gegenüber und legen sich gegenseitig die Hände auf die Schultern. Tiefes Abbeugen des Oberkörpers.

- Hocke und Liegestütz im Wechsel - aus der Hockstellung werden
  die Beine zum Liegestütz gestreckt und wieder angezogen.

2 Wiederholen

- Direktes Pritschen über die Schnur in der Bewegung.

- Winkelpritschen an der Wand.

- Baggern eines ungenau geworfenen Balles nach Vorwärtsbewegung.

3 Erarbeiten

- Baggern eines ungenau zugeworfenen Balles mit mittelhoher
  Flugkurve.

- wie vor, aber der Ball wird zugepritscht (bessere Schüler).

- Baggern eines flach, aber genau zugeworfenen Balles nach
  einer Seitwärtsbewegung in Dreiergruppen.

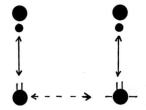

- Fortlaufendes Baggern zu zweit - welches Paar schafft 2o
  Ballwechsel?

13. Std.- Thema: Unteres Zuspiel

Unterrichtsschwerpunkte

Technische Elemente: Verbesserung der Gesamtbewegung des unteren
                     Zuspiels nach voraufgegangener Bewegung

Kognitive Elemente : Gespräch über die Aufwärmphase

Spiel 3 mit 3 (Spielreihe, S. 87)

Medien

Phasen

1 Aufwärmen

   - Dieser Stundenteil wird von einem oder mehreren Schülern
     übernommen.

2 Wiederholen

   - Pritschen im Kreis.
   - Baggern des Balles nach einer Seitwärtsbewegung; nach dem
     Baggern Sprint an das Ende der Linie.

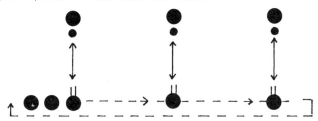

3 Erarbeiten

   - Baggern eines ungenau gepritschten Balles - A pritscht zu B,
     B baggert zu C, C pritscht zu A.

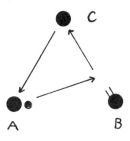

- Pritschen und Baggern - A pritscht den Ball zu B, der ungenau
  zurückpritscht. A baggert diesen Ball auf ein Ziel und holt
  den Ball zurück.

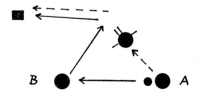

- wie vor, aber der Ball wird flach gepritscht (bessere
  Schüler).

14. Std.- Thema: Unteres Zuspiel

Unterrichtsschwerpunkte

Technische Elemente: Festigung der Gesamtbewegung des unteren
                        Zuspiels nach voraufgegangener Bewegung
Kognitive Elemente :   Bewegungsbeschreibung 'oberes und unteres
                        Zuspiel' ohne visuelle Hilfe
Spiel 3 mit 3   (Spielreihe, S. 87)

Medien

Phasen

1 Aufwärmen

- Lauf in verschiedenen Geschwindigkeiten.
- Drücken aus der Rückenlage in die Brücke.
- Rumpfbeugen im Sitz bei gegrätschten Beinen (beide Hände wer-
  den abwechselnd zur rechten und linken Fußspitze geführt; am
  Endpunkt Nachfedern; die Beine liegen flach auf dem Boden).
- 'Zonenlauf' - Lauf in Gruppen innerhalb der Abmessungen des
  Volleyballfeldes (9-3-6-3-9 m).

2 Wiederholen

- Pritschen in Paaren gegen die Wand - A steht mit dem Rücken
  zur Wand (Abstand 1-2 m) und dreht sich nach dem Abspiel von
  B der Wand zu; Abspiel von A gegen die Wand, dann Rück-
  drehung zu B.

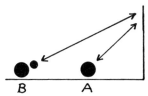

- 'Ballprobe' Baggern - A baggert den Ball fortlaufend gegen die
  Wand; B zählt die Ballkontakte. Bei Fehler von A Rollentausch.
  Wer erzielt die meisten Kontakte?

3 Erarbeiten

- Baggern eines nicht zu flach gepritschten Balles nach einer
  Seitwärtsbewegung.

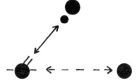

- Baggern eines zugepritschten Balles - A pritscht den Ball in
  Richtung B, der den Ball zu C baggert. Dieser pritscht den
  Ball 1x hoch, bringt den Ball zu A und schließt sich an die
  Reihe an (Sprint). B läuft nach dem Baggern zur Position C.

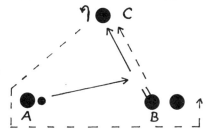

- wie vor, aber der Ball wird von C zu A gepritscht (bessere
  Schüler).

15. Std.- Thema: Oberes und unteres Zuspiel

Unterrichtsschwerpunkt
Punktuelle Lernerfolgsüberprüfung

Medien
Kontrollbogen Nr. 3 + Nr. 5, S. 111, 113, Bleistifte.

Phasen
1 Aufwärmen
    - Die Schüler spielen sich paarweise ein.

2 Erklärung der Überprüfung: Oberes Zuspiel zu zweit
    1 Beobachtungsinhalt:
        Bereitschaftsstellung
        In-Stellung-Laufen
        Handhaltung im Moment des Ballabspiels
        Abspiel mit Ganzkörperstreckung aus tiefer Grätschschritt-
        stellung
        Hohes, genaues Abspiel zum Partner
    2 Beurteilungskriterium: Qualität der Ausführung
        Die Beurteilung erfolgt auf der Basis der Schulnoten.
        Die Demonstration gilt als bestanden, wenn die Note 'befrie-
        digend' als Mittelwert erzielt wird.
        Die Demonstration dauert ca. 1 - 2' pro Paar.

3 Erklärung der Überprüfung: Unteres Zuspiel zu zweit
    1 Beobachtungsinhalt:
        Bereitschaftsstellung
        In-Stellung-Laufen
        Armhaltung beim Auftreffen des Balles
        Abspiel mit Ganzkörperstreckung bei festgestellten Schulter-
        gelenken
        Hohes, genaues Abspiel zum Partner
    2 Beurteilungskriterium: Qualität der Ausführung
        Die Beurteilung erfolgt auf der Basis der Schulnoten.
        Die Demonstration gilt als bestanden, wenn die Note 'befrie-
        digend' als Mittelwert erzielt wird.
        Die Demonstration dauert ca. 1 - 2' pro Paar.

1.6 Unterrichtsreihe III

1. Std.- Thema: Aufgabe von unten

Unterrichtsschwerpunkte

Technische Elemente: Einführung der Aufgabe von unten

Kognitive Elemente : Lehrerdemonstration oder Film 'Aufgabe
von unten' mit Beobachtungsaufgabe -
Körperhaltung und Schlagarmführung

Spiel 3 mit 3 (Spielreihe, S. 86)

Medien

Soft- und Volleybälle, Basketbälle, 1 Doppelzauberschnur mit
Sichtmarkierer, 4 Hochsprungständer, Tafel, Tesakrepp,
Film 'Aufgabe von unten' (Nr. 36 o715), S. 119,
Phasenbilder, S. 97.

Phasen

1 Aufwärmen

- Lauf mit verschiedenen Zusatzübungen.
- Passen des Basketballes aus der Bauchlage gegen die Wand.
- Dribbeln des Basketballes im einarmigen Liegestütz mit
  Handwechsel.
- Aufrichten aus der Rückenlage und Wurf des Balles gegen
  die Wand und Absenken in die Ausgangsposition.
- Schlußsprünge seitlich über einen ca. 1m breiten 'Graben'.

2 Wiederholen

- Pritschen zu zweit über die Schnur.
- Pritschen eines kurz gespielten Balles nach einer Vorwärtsbewegung und Rückkehr zur Ausgangsposition.

3 Erarbeiten

- Wurf des Balles über die Schnur wie eine Aufgabe.
- Schlagen der Aufgabe zum Partner; Entfernung ca. 3 - 4m.
- Schlagen der Aufgabe über die Schnur zum Partner, der
  den Ball im Bagger annimmt und dann fängt.
- Schlagen der Aufgabe auf ein Ziel; die Entfernung rich-
  tet sich nach den Fähigkeiten der Schüler.

2. Std.- Thema: Aufgabe von unten

Unterrichtsschwerpunkte

Technische Elemente: Übung der Aufgabe von unten

Kognitive Elemente : Festigung des Bewegungsablaufs der Aufgabe
von unten durch Film- und Phasenbildbetrach-
tung

Spiel 3 mit 3 (Spielreihe, S. 86)

Medien

Film 'Aufgabe von unten' (Nr. 36 o715), S. 119,
Phasenbilder, S. 97.

Phasen

1 Aufwärmen

- Lauf über 1'.
- Rumpfbeugen im Sitz bei gegrätschten Beinen (beide Hände
  werden abwechselnd zur rechten und linken Fußspitze geführt;
  am Endpunkt Nachfedern; die Beine liegen flach auf dem Boden).
- Liegestütz vorlings - A befindet sich im Liegestütz, B hat
  die Beine von A auf seinen Schultern. A beugt die Arme, B
  beugt die Knie.
- Aufrichten aus der Rückenlage bis zur Senkrechten; die Hände
  befinden sich hinter dem Kopf; die Beine werden vom Partner
  auf dem Boden gehalten.
- Strecksprünge zu zweit an der Schnur - A + B stehen sich
  frontal gegenüber. Im höchsten Punkt des Sprunges berühren
  sie sich an den Händen oberhalb der Schnur.

2 Wiederholen

- Pritschen zu zweit über die Schnur mit Seitwärtsbewegung.
- Pritschen kurz und hoch zugespielter Bälle; nach dem Rück-
  pritschen Bodenberührung mit der Hand und Rückkehr zur Aus-
  gangsposition; Zwischenspiel während der Laufphase des
  Partners.
- Schlagen der Aufgabe über die Schnur zum Partner.

3 Erarbeiten

- Schlagen der Aufgabe mit anschließendem Lauf zur Schnur und
  zurück. Der Partner nimmt den Ball im Bagger an und pritscht
  ihn nach Zwischenspiel zur Aufgabeposition.

- wie vor, aber der Partner verändert vor jeder Aufgabe seine Annahmeposition.
- Schlagen der Aufgabe mit Nachlaufen - A schlägt Aufgabe zu B und läuft ihr nach; B baggert, fängt den Ball und stellt sich hinter C an; C schlägt Aufgabe zu A, usw.

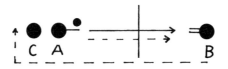

3. Std.- Thema: Aufgabe von unten

Unterrichtsschwerpunkte

Technische Elemente: Verbesserung der Aufgabe von unten

Kognitive Elemente : Analyse von Fehlerbildern 'Aufgabe von unten', Festigung der richtigen Bewegung durch Phasen-bildbesprechung

Spiel 3 gegen 3 (Spielreihe, S. 88)

Medien

Phasen- und Fehlerbilder zur Aufgabe von unten, S. 97, 1o5, Bodenziele.

Phasen

1 Aufwärmen

- Diese Phase wird von einem oder mehreren Schülern gestaltet.

2 Wiederholen

- Pritschen zu zweit nach Seitwärts/Vorwärtsbewegung eines Spielers (rechts/links im Wechsel).
- wie vor, aber unregelmäßige Seitenwahl (bessere Schüler).
- Schlagen der Aufgabe zum Partner, der vor jeder Aufgabe seine Annahmeposition verändert und den Ball im Bagger annnimmt.

3 Erarbeiten

- Schlagen von Aufgaben auf verschiedene Bodenziele bei fester
  Reihenfolge; wer schafft die meisten Treffer bei 1o Versuchen?

- Schlagen der Aufgabe über die Schnur zum Partner, der den
  Ball hoch vor die Schnur baggert. Dort wird der Ball vom Auf-
  gebenden 1x hochgepritscht.

- Schlagen von Aufgaben über die Schnur - A schlägt die Aufgabe und läuft ihr nach; B baggert den Ball zu C, der dann
  mit dem Ball zur Aufgabeposition läuft.

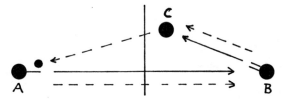

- wie vor, jedoch wird der Abspielwinkel von B nach C ver-
  größert (bessere Schüler).

4. Std.- Thema: Aufgabe von unten

Unterrichtsschwerpunkte

Technische Elemente: Festigung der Aufgabe von unten
Kognitive Elemente : Bewegungsbeschreibung der Aufgabe von unten
                     ohne visuelle Hilfe
Spiel 3 gegen 3 (Spielreihe, S. 88)

Medien
Bodenziele.

<u>Phasen</u>

1 Aufwärmen

- Lauf in verschiedenen Geschwindigkeiten.

- Rumpfbeugen zu zweit - A + B stehen sich mit leicht gegrätschten Beinen frontal gegenüber und legen sich gegenseitig die
Hände auf die Schultern. Tiefes Abbeugen des Oberkörpers.

- Liegestütz rücklings - A befindet sich im Liegestütz, B
hält die Beine von A ca. 3o cm hoch. A beugt und streckt die
Arme.

- Aufrichten aus dem Liegestütz vorlings - A befindet sich im
Liegestütz, seine Beine umklammern die Hüften des hinter ihm
stehenden B. A schnellt bei Seitschwingen der Arme vom Boden
hoch, B unterstützt die Bewegung des Partners an den Ober-
schenkeln.

- 'Froschhüpfen' über die Länge der kurzen Hallenseite in
möglichst wenigen Sprüngen.

2 Wiederholen

- Pritschen des Balles schräg gegen die Wand - B erläuft den
seitwärts abspringenden Ball und pritscht ihn zu A; danach
Rückkehr zur Ausgangsposition.

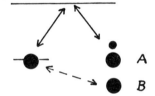

- Pritschen zu viert; der 'Läufer' (L) bewegt sich seitwärts-
vorwärts.

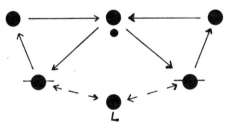

3 Erarbeiten

- Schlagen von Aufgaben auf kleine Bodenziele; wer schafft die
meisten Treffer bei 1o Versuchen?

- wie vor, aber aus größerer Entfernung zur Schnur (bessere
Schüler).

- Schlagen von Aufgaben auf 2 'Verteidiger'; der freie Spieler
  läuft zur Annahme des gebaggerten Balles an die Schnur und
  pritscht ihn zur Aufgabeposition.

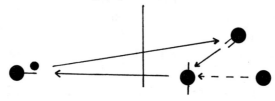

5. Std.- Thema: Oberes Zuspiel

Unterrichtsschwerpunkte

Technische Elemente: Einführung des Sprungpritschens

Kognitive Elemente : Lehrerdemonstration des Sprungpritschens mit
Beobachtungsaufgabe - Spiel des Balles im
höchsten Punkt des Sprunges
Gespräch über die Aufgabe mit Hinweis auf
Konzentration und Genauigkeit bei der Aus-
führung

Spiel 3 gegen 3 (Spielreihe, S. 88)

Medien

Basketbälle, Bodenziele.

Phasen

1 Aufwärmen

- Lauf mit Zusatzübungen.

- Rumpfdrehen im Sitz - A + B sitzen Rücken an Rücken. Die Arme
  befinden sich in der Seithalte mit Handfassung und werden nach
  rechts und links im Wechsel gedreht.

- 'Partner-heben' - A + B stehen hintereinander, wobei A von B
  an den Hüften gefaßt wird. A springt, von B unterstützt, vom
  Boden ab und berührt ein Ziel (ca. 2,5m hoch) an der Wand.
  Ständiger Wechsel.

- Druckpaß im spitzen Winkel gegen die Wand - A + B spielen
  sich den Ball fortlaufend über die Wand zu.

- Tragen des Partners im Trab über die kurze Hallenseite.

2 Wiederholen

- Pritschen im Sitzen - A sitzt im Grätschsitz; B steht an den Füßen von A und läßt den Ball in die spielbereiten Hände von A fallen. Rückpritschen zum Fang.
- Schlagen von Aufgaben auf kleine Bodenziele mit Lauf zur Schnur und Rückkehr zur Ausgangsposition. Der Ball wird vom Partner zur Aufgabeposition zurückgepritscht.
- Schlagen von Aufgaben auf 2 'Verteidiger'.

3 Erarbeiten

- Wurf des Balles senkrecht in die Höhe und Fangen im Sprung bei Pritschhaltung der Hände.
- Wurf des Balles gegen die Wand und Fangen im Sprung bei Pritschhaltung der Hände.
- Wurf des Balles frontal zum Übenden, der den Ball im Sprung zum Partner zurückpritscht.
- Fortlaufendes Sprungpritschen - kurze Entfernung (bessere Schüler).

6. Std.- Thema: Oberes Zuspiel

Unterrichtsschwerpunkte

Technische Elemente: Übung des Sprungpritschens
Kognitive Elemente : Gespräch über das Sprungpritschen - Problem des 'timing', Möglichkeiten des Einsatzes
Spiel 3 gegen 3 (Spielreihe, S. 88)

Medien

Phasen

1 Aufwärmen

- Lauf über 1,5'.
- Rumpfbeugen im Strecksitz - A führt die Übung aus und B unterstützt die Bewegung durch dosierten Druck auf die Schultern von A.

- Beugen und Strecken der Arme im Handstand – A schwingt in den Handstand und wird dort von B gehalten. A beugt und streckt in dieser Position die Arme.
- 'Froschhüpfen' über die Länge der kurzen Hallenseite.

2 Wiederholen
- Sprungpritschen nach frontalem Zuwurf des Balles.
- Sprungpritschen nach Zuwurf von der Seite gegen die Wand und Fangen des abspringenden Balles in der Luft.
- wie vor, jedoch wird der Ball von der Seite gepritscht (bessere Schüler).

3 Erarbeiten
- Sprungpritschen im Dreieck mit Zwischenspiel.
- wie vor, aber zu viert mit Nachlaufen.
- Sprungpritschen zu viert mit Nachlaufen ohne Zwischenspiel (bessere Schüler).
- Schlagen von Aufgaben über die Schnur; Annahme und Zuspiel des Balles im Bagger; Sprungpritschen über die Schnur zur Aufgabeposition; Nachlaufen des gespielten Balles.

7. Std.- Thema: Aufgabe von unten

Unterrichtsschwerpunkt
Punktuelle Lernerfolgsüberprüfung

Medien
Turnmatten, Gymnastikreifen, Bleistifte, Kontrollbogen Nr. 6, S. 114.

Phasen
1 Aufwärmen
- Die Schüler wärmen sich individuell mit und ohne Ball auf.

2 Erklärung der Überprüfung

Es werden je 4 Aufgaben auf 3 unterschiedlich weit vom Aufgabepunkt entfernte Ziele über die Schnur (Reichhöhe) geschlagen. Der Aufgabepunkt soll ca. 5m von der Schnur entfernt liegen. Die Bodenziele (Entfernung von der Schnur 2, 3, 4m) bestehen aus jeweils 2 nebeneinander liegenden Turnmatten mit einem Zentrum (Gymnastikreifen).

Wertung: Treffen des Zentrums = 2 Pkte

           Treffen der Matte = 1 Pkt

Die Berührung der Mattenkante gilt als Treffer.

Die Überprüfung gilt als bestanden, wenn der Schüler 12 oder mehr Punkte erzielt.

Die Schüler arbeiten in Paaren, wobei ein Schüler die Aufgabe durchführt und der andere die Punkte zählt. Das Ergebnis wird in den Kontrollbogen eingetragen.

Es empfiehlt sich, 2 - 3 Stationen aufzubauen.

8. Std.- Thema: Oberes und unteres Zuspiel, Aufgabe von unten

Unterrichtsschwerpunkte

Technische Elemente: Übung des oberen und unteren Zuspiels nach vorausgegangener Bewegung in Verbindung mit der Aufgabe von unten

Kognitive Elemente : Bewegungsbeschreibung des unteren Zuspiels anhand von Phasenbildern

Spiel 3 gegen 3 (Spielreihe, S. 88)

Medien

Phasenbilder zum unteren Zuspiel, S. 96.

Phasen

1 Aufwärmen

- Lauf mit Zusatzübungen.

- Heben der Beine zur 'Kerze', Absenken der gestreckten Beine hinter den Kopf bis zur Bodenberührung, Rückkehr zur Ausgangsposition.

- Beinkreisen im Schwebesitz - A + B sitzen sich im Strecksitz gegenüber; die Füße von A befinden sich in Höhe der Knie von B; A + B heben die Beine an und bewegen sie auf einer Kreisbahn. Die Beine dürfen sich nicht berühren oder auf dem Boden abgesetzt werden.

- 'Wandliegestütz' - A stützt sich mit den Fingerkuppen gegen
  die Wand (Fußentfernung ca. 1m); B lehnt sich als 'Gewicht'
  gegen den Rücken von A; A beugt und streckt die Arme.
- Strecksprünge zur Schnur - A + B springen gleichzeitig hoch
  und berühren sich an den Händen oberhalb der Schnur.

2 Wiederholen

- Sprungpritschen im Dreieck mit Nachlaufen und Zwischenspiel.
- wie vor, aber ohne Zwischenspiel (bessere Schüler).
- Sprungpritschen - A pritscht den Ball über die Schnur, B erläuft den Ball und pritscht ihn hoch an die Schnur zu C, der
  den Ball im Sprung zu A pritscht.
- wie vor, aber über größere Entfernungen (bessere Schüler).

3 Erarbeiten

- Pritschen nach einer Rückwärtsbewegung - nach der Ausführung
  Rückkehr zur Ausgangsposition. Der Ball wird wie ein Fußballeinwurf über die Schnur geworfen.
- wie vor, aber der Ball wird gepritscht (bessere Schüler).
- Kombination Pritschen/Baggern nach einer Bewegung - A pritscht
  den Ball kurz in Richtung B; dieser baggert den Ball über A,
  der ihn erläuft und in Richtung B zurückpritscht. Nach dem
  Pritschen/Baggern jeweils Rückkehr zur Ausgangsposition.

- Komplexübung Aufgabe, Baggern, Pritschen - A schlägt Aufgabe,
  die B erläuft und zu C baggert. C pritscht den Ball parallel
  zur Schnur zu B, der den Ball zu A zurückpritscht.

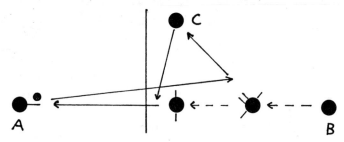

9. Std.- Thema: Oberes und unteres Zuspiel, Aufgabe von unten

Unterrichtsschwerpunkte

Technische Elemente: Verbesserung des oberen und unteren Zuspiels
                     nach vorausgegangener Bewegung in Verbindung
                     mit der Aufgabe von unten
Kognitive Elemente : Analyse von Fehlerbildern 'unteres Zuspiel'

Spiel 3 gegen 3 (Spielreihe, S. 88)

Medien

Gymnastikbälle, Fehlerbilder zum unteren Zuspiel, S. 1o4.

Phasen

1 Aufwärmen

- Dribbeln des Balles auf begrenztem Raum ohne Berührung der
  anderen Schüler.

- Liegestütz vorlings - A + B befinden sich im Liegestütz vorlings, Gesicht zueinander. A dribbelt den Ball 3x mit der
  rechten, dann 3x mit der linken Hand; B führt in der Zwischenzeit Liegestütze aus. Danach Wechsel.

- Passen in der Bauchlage - A + B befinden sich in der Bauchlage und passen sich den Ball zu (Entfernung ca. 2m). Der
  Ball muß im Flug gefangen werden.

- Ruderübung mit Ball - A + B befinden sich im Strecksitz,
  Gesicht zueinander. Der Ball wird zwischen die Füße geklemmt,
  die Beine werden leicht angehoben (Schwebesitz). In dieser
  Position werden die Beine angehockt und gestreckt, jeweils
  rechts und links am Partner vorbei, ohne den Boden zu berühren.

- Strecksprünge aus tiefer Hocke - A + B spielen sich den Ball
  aus der tiefen Hocke über einen Strecksprung zu . Der Ball
  wird jeweils im Sprung gefangen.

2 Wiederholen

- Kombination Pritschen/Baggern nach einer Bewegung.

- Kombination Pritschen/Baggern über größere Entfernung - A
  pritscht den Ball in Richtung B, der den Ball nach einer Vor/
  Seitwärtsbewegung zu C baggert. C pritscht den Ball zu A.

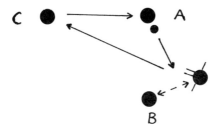

3 Erarbeiten

- Komplexübung Aufgabe/Baggern/Pritschen - A schlägt Aufgabe in
  Richtung B, der den Ball erläuft und diagonal zu D baggert.
  D pritscht den Ball parallel zur Schnur zu C, der den Ball
  zur Aufgabeposition pritscht. Danach Aufgabe in Richtung C
  bzw. D.

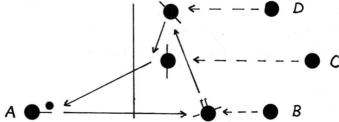

- wie vor, jedoch wird die Aufgabenrichtung nicht angekündigt
  (bessere Schüler).

1o. Std.- Thema: Spiel 3 gegen 3

Unterrichtsschwerpunkt
Punktuelle Lernerfolgsüberprüfung

Medien
1 Stoppuhr pro Spiel, Kontrollbogen Nr. 7, S. 115, Bleistifte.

Phasen
1 Aufwärmen

- Das Aufwärmen wird in den Mannschaften selbständig durchgeführt.

2 Erklärung der Überprüfung

Die Schüler werden darüber informiert, daß die Mannschafts-
leistung im Vordergrund der Überprüfung steht.

Wertung: Es wird nach den bisher erarbeiteten Regeln gespielt.
Die positiven und negativen Aktionen jeder Mannschaft werden
gezählt und in der Abfolge mit den Abkürzungen A= Aufgabe,
An= Annahme der Aufgabe, P= Pritschen und B= Baggern in den
Kontrollbogen eingetragen. Hinter die negative Aktion wird ein
'-' gesetzt. Der Ball muß von allen Spielern der Mannschaft
berührt werden, bevor er über die Schnur gespielt wird.

Die Überprüfung dauert 12' effektive Spielzeit.

Von Spielfähigkeit kann man sprechen, wenn 5o% der Aktionen innerhalb einer Mannschaft, bezogen auf die Gesamtzahl ihrer Aktionen korrekt ausgeführt werden.

Für die Durchführung der Überprüfung werden 1 Schiedsrichter, 1 Protokollant, 1 Ansager für die Aktionen und 1 Zeitnehmer pro Spiel benötigt.

11. Std.- Thema: Spiel 3 gegen 3

Unterrichtsschwerpunkt

Fortsetzung der punktuellen Lernerfolgsüberprüfung

Medien

1 Stoppuhr pro Spiel, Kontrollbogen Nr. 7, S. 115, Bleistifte.

Phasen

1 Aufwärmen

- Das Aufwärmen wird in den Mannschaften selbständig durchgeführt.

2 Erklärung der Überprüfung

Die Schüler werden an die Ausführungen der vorigen Stunde erinnert.

12. Std.- Thema: Aufgabe von oben (Tennisaufgabe)

Unterrichtsschwerpunkte

Technische Elemente: Einführung der Aufgabe von oben
Kognitive Elemente : Lehrerdemonstration oder Film 'Aufgabe von
                      oben'; Bewegungsbeschreibung anhand von
                      Phasenbildern
Spiel 4 mit 4 (Spielreihe, S.89)

Medien

Basketbälle, Film 'Aufgabe von oben' (Nr. 36 o715), S. 119,
Phasenbilder, S. 98.

Phasen

1 Aufwärmen

- Lauf mit Zusatzübungen.
- Passen des Basketballes aus der Bauchlage gegen die Wand.
- Dribbeln des Basketballes im einarmigen Liegestütz mit
  Handwechsel.
- Aufrichten aus der Rückenlage und Wurf des Balles gegen die
  Wand, Fangen des Balles und Rückkehr in die Ausgangsposition.
- Schlußsprünge seitlich über einen ca. 1m breiten 'Graben'.

2 Wiederholen

- Kombination Pritschen (lange Pässe)/Baggern (kurz + hoch) -
  A pritscht einen langen Paß zu B, der den Ball im Bagger zu
  C weiterleitet. C spielt einen langen Paß parallel zur
  Schnur zu A.

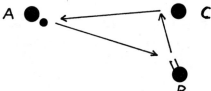

- wie vor, aber mit Nachlaufen.

3 Erarbeiten

- Einhändiger Wurf des Balles bei gestrecktem Arm über die
  Schnur zum Partner; kurze Entfernung.
- Schlagen der Aufgabe über die Schnur zum Partner.
- Schlagen der Aufgabe über die Schnur zum Partner, der den
  Ball im Bagger annimmt und dann fängt.

13. Std.- Thema: Aufgabe von oben

Unterrichtsschwerpunkte

Technische Elemente: Übung der Aufgabe von oben

Kognitive Elemente : Mentale Festigung des Bewegungsablaufes durch
                     Film- und Phasenbildbetrachtung

Spiel 4 mit 4 (Spielreihe, S. 89)

Medien

Medizinbälle, Bodenziele, Film 'Aufgabe von oben' (Nr. 36 o715),
S. 119 , Phasenbilder, S. 98.

Phasen

1 Aufwärmen

- Lauf mit Zusatzübungen.

- Einarmiges Stoßen des Medizinballes zum Partner; rechter/
  linker Arm im Wechsel.

- Aufrichten aus der Rückenlage mit Medizinball - A liegt auf
  dem Rücken, richtet sich auf und übergibt den Ball an B, der
  im Strecksitz vor den Füßen von A sitzt. B geht in die Rückenlage und richtet sich anschließend wieder auf.

- Medizinballweitwurf aus dem Stand (Fußballeinwurf) zum Partner, der den Ball fängt und zurückwirft. Seitlicher Sicherheitsabstand!!!

- 'Zonenlauf' - Lauf in Gruppen innerhalb der Abmessungen des
  Volleyballfeldes (9-3-6-3-9 m).

2 Wiederholen

- Schlagen der Aufgabe über die Schnur zum Partner, der den
  Ball im Bagger annimmt und dann fängt.

3 Erarbeiten

- Schlagen der Aufgabe über die Schnur zum Partner; die Entfernung zwischen den Spielern wird entsprechend ihrem Können
  erweitert.

- Schlagen der Aufgabe über die Schnur auf ausgelegte Bodenziele (bessere Schüler).

14. Std.- Thema: Aufgabe von oben

Unterrichtsschwerpunkte

Technische Elemente: Verbesserung der Aufgabe von oben, unteres
Zuspiel seitlich

Kognitive Elemente : Demonstration des unteren Zuspiels seitlich
mit Beobachtunsaufgabe - Beinarbeit und
Haltung der Arme

Spiel 4 gegen 4 (Spielreihe, S. 9o)

Medien

Bodenziele.

Phasen

1 Aufwärmen

- Lauf in verschiedenen Geschwindigkeiten.

- Liegestütz vorlings mit über Schulterbreite aufgesetzten
Händen.

- Drücken des Partners mit den Beinen - A liegt auf dem Rücken
vor der Sprossenwand und umfaßt die unterste Sprosse. Seine
Beine sind senkrecht gestellt. B setzt sich als 'Gewicht'
auf die Fußsohlen von A und hält sich an der Sprossenwand
fest. A beugt und streckt die Beine unter dem Gewicht von B.

- 'Schleudern' der Beine - A liegt auf dem Rücken und faßt die
Fußgelenke des hinter ihm stehenden B. Dieser schleudert die
angehobenen Beine von A nach unten; angespannte Bauchmuskeln
sollen ein Auftreffen der Füße am Boden verhindern.

- Sprint aus dem Sitzen oder Liegen über 18m zwischen den
Volleyballseitenlinien und deren seitlichen Verlängerungen,
die mit der Hand berührt werden müssen; der Start erfolgt
auf Pfiff.

2 Wiederholen

- Schlagen der Aufgabe über die Schnur auf ausgelegte Bodenziele.

- Komplexübung Schlagen der Aufgabe von oben/ Annahme der Aufgabe im Bagger/ Abspiel/Pritschen des Balles durch den 3.
Spieler zur Aufgabeposition.

3 Erarbeiten

- Bagger seitlich - A wirft den Ball seitlich von B, der den
Ball zu A zurückbaggert. Die Seite wird angegeben.

- wie vor, aber mit Seitenwechsel nach jedem Wurf.

- wie vor, aber der Ball wird gepritscht (bessere Schüler).

15. Std.- Thema: Unteres Zuspiel seitlich

Unterrichtsschwerpunkte

Technische Elemente: Übung des unteren Zuspiels seitlich
Kognitive Elemente : Bewegungsbeschreibung des unteren Zuspiels
                     seitlich

Spiel 4 gegen 4 (Spielreihe, S. 9o)

Medien

Phasen

1 Aufwärmen
   - Diese Phase wird von einem oder mehreren Schülern gestaltet.

2 Wiederholen
   - Bagger seitlich - A wirft den Ball seitlich von B, der den
     Ball zu A zurückbaggert.
   - wie vor, aber B läuft nach dem Bagger 2m in Richtung A.
   - wie vor, aber der Wurf erfolgt nur auf die 'schwache' Seite.

3 Erarbeiten
   - Bagger seitlich nach vorausgegangener Bewegung - A wirft den
     Ball seitlich hinter B, der den Ball senkrecht zurückbaggert.
     A nimmt den Ball im Pritschen an.

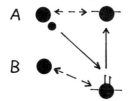

   - wie vor, aber die Seite wird nicht angesagt (bessere Schüler).
   - wie vor, aber der Ball soll diagonal zurückgebaggert werden.

- Kombination Pritschen/ Baggern seitlich - A, B und C stehen
  an der Schnur, D ca. 3m senkrecht von B entfernt. B pritscht
  den Ball seitlich hinter D, der den Ball diagonal zu A
  baggert. A pritscht den Ball lang zu C. Dieser pritscht kurz
  und hoch zu B.

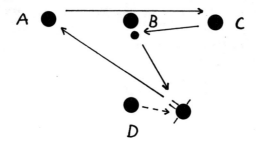

1.7 Unterrichtsreihe IV

1. Std.- Thema: Frontaler Angriffsschlag (Schmettern)

Unterrichtsschwerpunkte

Technische Elemente: Einführung des frontalen Angriffsschlags - Arm- und Handhaltung
Kognitive Elemente : Lehrerdemonstration oder Film 'Frontaler Angriffsschlag' mit Beobachtungs-
aufgabe - Arm- und Handhaltung beim
Schlag
Spiel 4 mit 4 (Spielreihe, S. 89)

Medien

Volleybälle, 1 Doppelzauberschnur mit Sichtmarkierer, 4 Hochsprungständer, Tafel, Tesakrepp, Turnbänke, kleine Kästen,
Karteikarten für den Circuit, Film 'Frontaler Angriffsschlag' (Nr. 36 o716), S. 119, Phasenbilder, S. 99.

Phasen

1 Aufwärmen

- Lauf mit Zusatzübungen.

- Kleiner Circuit (4 Stationen)

Die Schüler erhalten die nachfolgenden Übungen schrift-
lich und sollen sie täglich zu Hause üben.
Hinweis: Die Überprüfung in den nachfolgenden Stunden
erfolgt ohne vorherige Ankündigung.

Durchführung: 3o Sek. Übung - 3o Sek. Pause.

Die Zahl der Wiederholungen wird vom Partner festgehal-
ten und in die Karteikarte eingetragen. Für die häuslichen Übungen sollte sich jeder Schüler ebenfalls eine
Karteikarte anlegen.

- Liegestütz mit den Füßen auf einer Turnbank oder Füße auf
einem Stuhl (häusl. Übung).

- Aufrichten aus der Rückenlage bis zur Senkrechten; Arme
befinden sich hinter dem Kopf, Füße auf der Turnbank
oder auf einem Stuhl (häusl. Übung).

- Schlußsprünge seitwärts über einen ca. 1m breiten 'Graben' oder über ein quergelegtes Handtuch (häusl. Übung).

- Aufrichten des Oberkörpers aus der Bauchlage - der Übende liegt auf dem Bauch vor einem kleinen Kasten oder
einem Stuhl (häusl. Übung). Beide Arme werden von rechts
nach links und zurück über den Kasten/Stuhl geführt.

2 Wiederholen

- Die Schüler pritschen/baggern zu zweit/zu dritt (Wiederholung bekannter Übungsformen).

3 Erarbeiten

- Aushol- und Schlagbewegung im Stand ohne Ball.
- Aushol- und Schlagbewegung gegen einen vom Partner gehalte-
  nen Ball in Richtung Wand.
- Schlagen des selbst gehaltenen Balles als Aufsetzer zum
  Partner.
- wie vor, aber nach Anwurf (bessere Schüler).

2. Std.- Thema: Frontaler Angriffsschlag

Unterrichtsschwerpunkte

Technische Elemente: Fortsetzung des frontalen Angriffsschlags -
Arm- und Handhaltung

Kognitive Elemente : Festigung der Bewegungsvorstellung durch
Filmbetrachtung

Spiel 4 gegen 4 (Spielreihe, S. 9o)

Medien

Film 'Frontaler Angriffsschlag' (Nr. 36 o716), S. 119,
Phasenbilder, S. 99, Gymnastikbälle.

Phasen

1 Aufwärmen

- Lauf mit Zusatzübungen.
- Passen des Gymnastikballes aus der Bauchlage gegen die Wand.
- Dribbeln des Gymnastikballes im einarmigen Liegestütz; rech-
  te/linke Hand im Wechsel.
- Aufrichten aus der Rückenlage und Wurf des Gymnastikballes
  gegen die Wand, Fangen des Balles und Absenken in die Aus-
  gangsposition.
- Schlußsprünge seitwärts über einen ca. 1m breiten 'Graben'.

2 Wiederholen

- Die Schüler pritschen und baggern in Vierergruppen (Wiederholung bekannter, bewegungsintensiver Übungsformen).
- Schlagen des selbst gehaltenen oder leicht angeworfenen Balles als Aufsetzer zum Partner.

3 Erarbeiten

- Schlagen des selbst angeworfenen Balles als Aufsetzer gegen die Wand; beide Arme werden beim Anwurf hochgeführt.
- wie vor, aber der Ball wird im Sprung geschlagen (bessere Schüler).
- Schlagen des selbst angeworfenen Balles als Aufsetzer auf Bodenmarkierungen.
- wie vor, aber die Wurfhöhe wird ausgeweitet.
- wie vor, aber der Ball wird vom Partner angeworfen (bessere Schüler).
- Fortlaufendes Schlagen des Balles als Aufsetzer gegen die Wand; der Ball muß über Kopfhöhe zurückspringen, um erneut geschlagen zu werden, sonst den Ball fangen.
- wie vor, aber die Partner spielen den Ball wechselweise (bessere Schüler).

3. Std.- Thema: Frontaler Angriffsschlag

Unterrichtsschwerpunkte

Technische Elemente: Fortsetzung des frontalen Angriffsschlags - Stemmschritt und beidbeiniger Absprung

Kognitive Elemente : Film 'Frontaler Angriffsschlag' mit Beobachtungsaufgabe - Anlauf und Absprung zum Schlag

Spiel 4 gegen 4 (Spielreihe, S. 9o)

Medien

Kleine Kästen, Film 'Frontaler Angriffsschlag' (Nr. 36 o716), S. 119, Phasenbilder, S. 99.

Phasen

1 Aufwärmen

- Lauf mit Zusatzübungen.

- Rumpfbeugen im Sitz bei gegrätschten Beinen (beide Hände werden abwechselnd zur rechten und linken Fußspitze geführt; am Endpunkt Nachfedern; die Beine liegen flach auf dem Boden).

- Liegestütz vorlings - A befindet sich im Liegestütz, B hat die Beine von A auf seinen Schultern. A beugt die Arme, B beugt die Knie.

- Aufrichten aus der Rückenlage bis zur Senkrechten; die Arme des Übenden befinden sich hinter dem Kopf, die Beine werden vom Partner ca. 3o cm hoch gehalten.

- Strecksprünge an der Schnur - A + B stehen sich frontal gegenüber. Im höchsten Punkt des Sprunges berühren sie sich an den Händen oberhalb der Schnur.

2 Wiederholen

- Die Schüler pritschen und baggern in Viergruppen (Wiederholung bekannter, bewegungsintensiver Übungsformen).

- Fortlaufendes Schlagen des Balles als Aufsetzer gegen die Wand.

3 Erarbeiten

- Anlauf und Absprung zum Schmettern an der reichhohen Schnur - Zwei-Schritt-Anlauf und beidbeiniger Absprung im rechten Winkel zur Schnur mit Doppelarmschwung. Der Schlag wird nur angedeutet. Wegen der unterschiedlichen Größe der Schüler sollte die Schnur schräg gespannt werden.

- wie vor, aber der Schlag erfolgt gegen einen über der Schnur gehaltenen Ball.

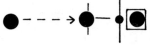

- wie vor, aber der Ball wird dem Haltenden aus der Hand geschlagen.

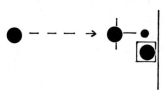

4. Std.- Thema: Frontaler Angriffsschlag

Unterrichtsschwerpunkte

Technische Elemente: Übung der Gesamtbewegung des frontalen
Angriffsschlags

Kognitive Elemente : Bewegungsbeschreibung des frontalen Angriffsschlags anhand von Phasenbildern

Spiel 4 gegen 4 (Spielreihe, S. 9o)

Medien

Turnbänke, kleine Kästen, 1 Stoppuhr, Karteikarten für den Circuit, Phasenbilder zum frontalen Angriffsschlag, S. 99.

Phasen

1 Aufwärmen

- Überprüfung der häuslichen Konditionsarbeit mit Hilfe des
Circuits.

2 Wiederholen

- Pritschen und Baggern in bekannten Übungsformen.
- Fortlaufendes Schlagen des Balles als Aufsetzer gegen die
Wand.
- wie vor, aber die Partner spielen den Ball wechselweise
(bessere Schüler).

3 Erarbeiten

- Schmettern des über die Schnur gehaltenen Balles in der
Gesamtbewegung.
- Schmettern des vom Zuspieler angeworfenen Balles; der Wurf
erfolgt beidhändig, möglichst hoch, im rechten Winkel zur
Anlaufrichtung und von der Schlaghandseite des Übenden
(bessere Schüler).

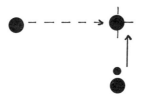

5. Std.- Thema: Frontaler Angriffsschlag

Unterrichtsschwerpunkte

Technische Elemente: Verbesserung der Gesamtbewegung des frontalen
Angriffsschlags

Kognitive Elemente : Bewegungsbeschreibung des Angriffsschlags
ohne visuelle Hilfe
Gespräch über das Zuspiel (Stellen) beim
Schmettern - hohes Stellen von der Schlaghandseite erleichtert die Ausführung

Spiel 4 gegen 4 (Turnier)

Medien

Phasen

1 Aufwärmen
- Diese Phase wird von einem oder mehreren Schülern gestaltet.

2 Wiederholen
- Pritschen und Baggern in bekannten Übungsformen.
- Schmettern des über die Schnur gehaltenen Balles.

3 Erarbeiten
- Schmettern des vom Zuspieler beidhändig geworfenen Balles;
hoher Wurf über kurze Entfernung.
- wie vor, jedoch wird der Ball über die Schnur geschmettert.
- wie vor, jedoch wird die Wurfentfernung erweitert.
- Schmettern eines zugepritschten Balles - der Ball wird dem
Übenden vom Zuspieler kurz und hoch zugepritscht (bessere
Schüler).

6. Std.- Thema: Frontaler Angriffsschlag

Unterrichtsschwerpunkte

Technische Elemente: Festigung der Gesamtbewegung des frontalen
Angriffsschlags

Kognitive Elemente : Gespräch über wettkampfnahe Übungsformen -
Angriffsaufbau von Pos. V zu Pos. III zu
Pos. IV (Dreiecksformation)
Stillbeschäftigung mit den Phasenbildern
'Frontaler Angriffsschlag'

Spiel 4 gegen 4 (Turnier)

Medien

Medizinbälle, Phasenbilder zum frontalen Angriffsschlag, S. 99.

Phasen

1 Aufwärmen

- Lauf mit Zusatzübungen.

- Einarmiges Stoßen des Medizinballes zum Partner; rechter/
linker Arm im Wechsel.

- Aufrichten aus der Rückenlage mit Medizinball - A liegt auf
dem Rücken, richtet sich auf und übergibt den Ball an B, der
im Strecksitz vor den Füßen von A sitzt. B geht in die Rük-
kenlage und richtet sich anschließend wieder auf.

- Medizinballweitwurf aus dem Stand (Fußballeinwurf) zum Partner, der den Ball fängt und zurückwirft. Seitlicher Sicher-
heitabstand!!!

- Sprint aus dem Sitzen oder Liegen über 18m zwischen den
Volleyballseitenlinien und deren seitlichen Verlängerungen,
die mit der Hand berührt werden müssen; der Start erfolgt
auf Pfiff.

2 Wiederholen

- Pritschen und Baggern in bekannten Übungsformen.

- Schmettern des vom Zuspieler hoch zugeworfenen Balles in
Richtung Wand.

- Schmettern des vom Zuspieler hoch zugepritschten Balles in
Richtung Wand.

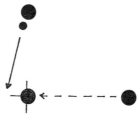

3 Erarbeiten

- Schmettern des Balles über die Schnur (Reichhöhe) nach
  Zuwurf.

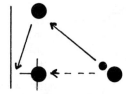

- wie vor, jedoch wird der Ball zum Zuspieler gepritscht und
  von dort geworfen.
- wie vor, aber es wird nur noch gepritscht (bessere Schüler).

7. Std.- Thema: Abwehrbagger

Unterrichtsschwerpunkte

Technische Elemente: Einführung des Abwehrbaggers

Kognitive Elemente : Lehrerdemonstration oder Film 'Abwehrbagger',
                     Erarbeiten des Unterschieds zwischen dem
                     unteren Zuspiel und dem Abwehrbagger durch
                     Gegenüberstellung der Phasenbilder

Spiel 6 mit 6 (Spielreihe, S. 91)

Medien

Turnbänke, kleine Kästen, 1 Stoppuhr, Karteikarten für den Circuit, Film 'Abwehrbagger' (Nr. 36 o23), S. 12o, Phasenbilder zum
unteren Zuspiel und zum Abwehrbagger, S. 96, 1oo.

Phasen

1 Aufwärmen

- Überprüfung der häuslichen Konditionsarbeit mit Hilfe des
  Circuits.

2 Wiederholen

- Pritschen und Baggern in bekannten Übungsformen.
- Schmettern von hoch gepritschten Bällen über die Schnur.

- Komplexübung Aufgabe/ Baggerannahme und Weiterleitung/
Stellen/ Schmettern (bessere Schüler).

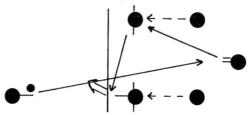

3 Erarbeiten

- Übung des Abwehrbaggers ohne Ball - Gewöhnung an die neue
Bewegung.

- Übung des Abwehrbaggers mit Ball - A wirft den Ball wie einen
Fußballeinwurf so zu B, daß dieser den Ball nur mit einer
beidarmigen, tiefen Abwehr erreichen kann.

- wie vor, jedoch steht der Werfer auf einem Kasten, so daß der
Flugwinkel steiler wird.

8. Std.- Thema: Abwehrbagger

Unterrichtsschwerpunkte

Technische Elemente: Übung des Abwehrbaggers

Kognitive Elemente : Film 'Abwehrbagger' und Bewegungsbeschreibung
                      anhand von Phasenbildern

Spiel 6 mit 6 (Spielreihe, S. 91)

Medien

Kleine Kästen, Film 'Abwehrbagger' (Nr. 36 o823), S. 12o,
Phasenbilder zum Abwehrbagger, S. 1oo.

Phasen

1 Aufwärmen

- Lauf mit Zusatzübungen.

- Rumpfdrehen im Sitz - A + B sitzen Rücken an Rücken. Die Arme
befinden sich in der Seithalte mit Handfassen und werden im
Wechsel nach rechts und links gedreht.

- 'Partner-heben' - A + B stehen hintereinander, wobei A von B
an den Hüften gefaßt wird. A springt, von B unterstützt, vom
Boden ab und berührt ein Ziel (ca. 3m hoch) an der Wand.
Ständiger Wechsel.

- 'Zonenlauf' Lauf in Gruppen innerhalb der Abmessungen des
Volleyballfeldes (9-3-6-3-9 m).

2 Wiederholen

- Pritschen und Baggern in bekannten Übungsformen.
- Abwehrbagger nach Wurf von einem Kasten.
- wie vor, aber harter Wurf bei kürzerer Entfernung.

3 Erarbeiten

- Abwehrbagger nach einem Schmetterball vom Kasten.
- Schmettern und Abwehr in Dreiergruppen - A schmettert abwechselnd auf B + C, die den Ball zu A abwehren. Nach der Abwehr wird ein Liegestütz ausgeführt.
- Abwehrbagger zur Schnur - A steht auf einem Kasten hinter der Schnur und schmettert den Ball auf B, der den Ball hoch an die Schnur zu C abwehrt. C fängt den Ball (bessere Schüler).

9. Std.- Thema: Abwehrbagger

Unterrichtsschwerpunkte

Technische Elemente: Verbesserung des Abwehrbaggers

Kognitive Elemente : Bewegungsbeschreibung des Abwehrbaggers anhand von Phasenbildern

Spiel 6 gegen 6 (Spielreihe, S. 93)

Medien

Turnbänke, kleine und große Kästen, 1 Stoppuhr, Karteikarten für den Circuit, Phasenbilder zum Abwehrbagger, S. 1oo

Phasen

1 Aufwärmen

- Überprüfung der häuslichen Konditionsarbeit mit Hilfe des Circuits.

2 Wiederholen

- Pritschen und Baggern in bekannten Übungsformen.
- Schmettern und Abwehr in Dreiergruppen - A schmettert abwechselnd auf B + C, die den Ball zu A abwehren.

3 Erarbeiten

- Abwehrbagger zur Schnur - A steht auf einem Kasten hinter der
  Schnur und schmettert den Ball auf B, der den Ball hoch an
  die Schnur zu C abwehrt. C fängt den Ball.

- Abwehr und Angriff - A steht auf einem Kasten hinter der
  Schnur und schmettert den Ball auf B, der den Ball hoch an
  die Schnur zu C abwehrt. C stellt den Ball für B, der von der
  Pos. IV schmettert. D fängt oder wahrt den Ball ab
  (bessere Schüler).

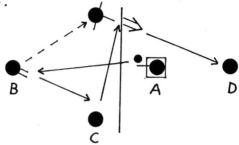

1o. Std.- Thema: Abwehrbagger

Unterrichtsschwerpunkte

Technische Elemente: Festigung des Abwehrbaggers

Kognitive Elemente : Vergleich von Fehler- und Phasenbildern zum
                     Abwehrbagger

Spiel 6 gegen 6 (Spielreihe, S. 93)

Medien

Kästen, Phasen- und Fehlerbilder zum Abwehrbagger, S. 1oo, 1o8.

Phasen

1 Aufwärmen

- Lauf über 1,5'.

- 'Wandliegestütz' mit Belastung durch den Partner.

- Rumpfbeugen zu zweit - A + B stehen sich mit leicht gegrätschten Beinen gegenüber und legen sich gegenseitig die Hände auf
  die Schultern. Tiefes Abbeugen des Oberkörpers mit Nachfedern.

- Wechselweises Anhocken und Strecken der Beine im Liegestütz.

- 'Zonenlauf' - Lauf in Gruppen innerhalb der Abmessungen des
  Volleyballfeldes (9-3-6-3-9 m).

2 Wiederholen

- Stellen und Schmettern des Balles von Pos. IV.
- Abwehr eines geschmetterten Balles.

3 Erarbeiten

- Abwehr und Angriff - A steht auf einem Kasten hinter der
  Schnur und schmettert den Ball auf B, der den Ball hoch an
  die Schnur zu C abwehrt. C stellt den Ball für B, der von der
  Pos. IV schmettert. D fängt oder wehrt den Ball ab.
- Komplexübung Angriff und Feldabwehr - der Angriff erfolgt von
  Pos. IV. Auf der Gegenseite wird der Ball im Dreierriegel in
  Richtung Zuspieler abgewehrt, der den Gegenangriff aufbaut
  (bessere Schüler).

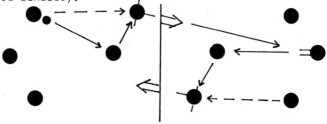

11. Std.- Thema: Block

Unterrichtsschwerpunkte

Technische Elemente: Einführung des Einer-Blocks

Kognitive Elemente : Lehrerdemonstration oder Film 'Block',
                     Bewegungsbeschreibung anhand von Phasenbil-
                     dern
                     Hinweis: Der Blockspieler springt nach dem
                     Angriffsspieler.

Spiel 6 gegen 6 (Spielreihe, S. 93)

Medien

Turnbänke, Film 'Block' (Nr. 36 o717), S. 119,
Phasenbilder, S. 1o1.

Phasen

1 Aufwärmen

- Diese Phase wird von einem oder mehreren Schülern gestaltet.

2 Wiederholen

- Pritschen und Baggern, Stellen und Schmettern je nach Lei-
  stungsfähigkeit der Schüler.
- Komplexübung Angriff und Feldabwehr - der Angriff erfolgt von
  Pos. IV. Auf der Gegenseite wird der Ball im Dreierriegel in
  Richtung Zuspieler abgewehrt, der den Gegenangriff aufbaut.
  Schwächere Schüler setzen an Stelle des Angriffsschlags das
  Pritschen ein.

3 Erarbeiten

- Sprung zum Block - A + B stehen sich gegenüber, springen
  gleichzeitig aus dem Stand hoch und berühren sich oberhalb
  der Schnur an den Händen.
- wie vor, aber nach einer seitlichen Bewegung.
- Sprung zum Block - A steht auf einer Turnbank und hält den
  Ball oberhalb der Schnur. B springt zum Block von der Gegenseite.
- Sprung zum Block - A wirft den Ball über die Schnur. B blok-
  kiert den Ball von der Gegenseite.

12. Std.- Thema: Block

Unterrichtsschwerpunkte
Technische Elemente: Übung des Einer-Blocks
Kognitive Elemente : Bewegungsbeschreibung 'Block' anhand von
                      Phasenbildern
Spiel 6 gegen 6 (Spielreihe, S. 93)

Medien
Netz, Turnbänke, Phasenbilder zum Block, S. 1o1.

Phasen

1 Aufwärmen

- Lauf über 1,5'.
- Liegestütz auf der Turnbank - A befindet sich im Liegestütz
  vor der Turnbank; seine Beine werden von B angehoben. A steigt
  mit den Händen auf die Turnbank und wieder herunter.
- Schlußsprünge über die Turnbank in möglichst vielen Sprüngen.
- Heben der Beine gegen einen Widerstand - A liegt auf dem
  Rücken vor der Sprossenwand; seine Hände fassen die unterste
  Sprosse. Gegen den leichten Widerstand von B hebt A seine
  Beine bis zur Senkrechten. Danach Absenken zur Ausgangsposi-
  tion.

- Strecksprünge nach einer Seitwärtsbewegung - A + B führen
  gleichzeitig einen Seitschritt aus, springen hoch und berühren sich mit den Händen oberhalb der Netzkante. Nach der Landung erneuter Seitschritt und Sprung.

2 Wiederholen

- Pritschen und Baggern in bekannten Übungsformen.
- Sprung zum Block - A wirft den Ball über das Netz. B blok-
  kiert den Ball von der Gegenseite.

3 Erarbeiten

- Sprung zum Block - A + B stehen sich am Netz gegenüber. C
  wirft den Ball so auf die Netzkante, daß er von A + B gleichzeitig blockiert werden muß.
- Angriffsschlag und Block - A wirft den Ball selbst an und
  schmettert. B steht hinter dem Netz auf einer Turnbank und
  blockiert den Ball.

13. Std.- Thema: Block

Unterrichtsschwerpunkte
Technische Elemente: Verbesserung des Einer-Blocks
Kognitive Elemente : Analyse von Fehlerbildern zum Block

Spiel 6 gegen 6 (Spielreihe, S. 93)

Medien
Turnbänke, kleine Kästen, 1 Stoppuhr, Karteikarten für den Circuit, Netz, Fehlerbilder zum Block, S. 1o9.

Phasen
1 Aufwärmen

- Überprüfung der häuslichen Konditionsarbeit mit Hilfe des
  Circuits.

2 Wiederholen

- Stellen und Schmettern des Balles von Pos. II.
- Angriffsschlag und Block - A wirft den Ball selbst an und
  schmettert. B steht hinter dem Netz auf einer Turnbank und
  blockiert den Ball.

3 Erarbeiten

  - Angriffsschlag und Block - A pritscht oder wirft den Ball von
    Pos. III; B schmettert von Pos. IV; C blockiert den Ball auf
    der Gegenseite.

  - Komplexübung Angriffsschlag und Block/Feldabwehr - A pritscht
    den Ball zu B auf Pos. III; B stellt für den vorgelaufenen A
    auf Pos. IV; Angriffsschlag und Block durch C auf der Gegen-
    seite. D + E nehmen den vom Block abspringenden oder am Block
    vorbeigeschlagenen Ball an.

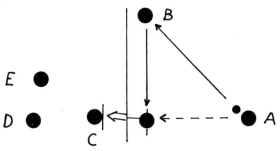

14. Std.- Thema: Spiel 6 gegen 6

Unterrichtsschwerpunkt

Punktuelle Lernerfolgsüberprüfung

Medien

Netz, 1 Stoppuhr, Kontrollbogen Nr. 8, S. 116, Bleistifte.

Phasen

1 Aufwärmen

  - Das Aufwärmen wird in den Mannschaften selbständig durchge-
    führt.

2 Erklärung der Überprüfung

   Die Grundlage der Überprüfung bilden Spiele, in denen sich ein-
   gespielte und im Leistungsniveau etwa gleiche Mannschaften
   gegenüberstehen. Die Bewertung der einzelnen Aktionen wird vom
   Lehrer (evtl. Vereinsspieler) vorgenommen und den Protokollan-
   ten (1 Protokollant für 2 Spieler) angesagt. 2 Schüler leiten
   die Spiele. Die Auswertung der Ergebnisse wird vom Lehrer in
   Zusammenarbeit mit den Schülern durchgeführt.

   Die Überprüfung gilt als bestanden, wenn der einzelne Schüler
   5o% seiner Aktionen gut (+) oder zufriedenstellend (o) bezogen
   auf die Gesamtzahl seiner Aktionen ausführt. Fehler in den
   Aktionen werden mit '-' gekennzeichnet.

   Die Überprüfung dauert 15' effektive Spielzeit.

15. Std.- Thema: Spiel 6 gegen 6

Unterrichtsschwerpunkt
Fortsetzung der punktuellen Lernerfolgsüberprüfung

Medien
Netz, 1 Stoppuhr, Kontrollbogen Nr. 8, S. 116, Bleistifte.

Phasen
1 Aufwärmen
  - Das Aufwärmen wird in den Mannschaften selbständig durchgeführt.

2 Erklärung der Überprüfung
  Die Schüler werden an die Ausführungen der vorherigen Stunde erinnert.

2 SPIELREIHE

2.1 Vorbemerkungen

Innerhalb dieser Reihe wird die Entwicklung der Spiele vom
Spiel 1 mit 1 auf dem Kleinfeld bis zum Spiel 6 gegen 6 auf
dem Wettkampffeld dargestellt. Zudem werden Hinweise zur
Mannschaftsbildung, zu den Spielregeln sowie zur Taktik ge-
geben.
Parallel zur Mannschaftsstärke werden die Kleinspielfelder
von der Abmessung 4 x 2m für das Spiel 1 mit 1 schrittweise
auf das Maß 18 x 9m (Wettkampffeld) für das Spiel 6 gegen 6
erweitert.
Die Spielfelddiagramme, aus denen die entsprechenden Abmessungen entnommen werden können, sind den jeweiligen Spielen
beigefügt. Die einzelnen Spielfelder sind durch gerasterte
und weiße Flächen im Wechsel gekennzeichnet und werden durch
gebrochene Linien oder vorhandene Markierungen des Wettkampffeldes begrenzt. Die durchgezogene Linie in der Mitte zwischen den Seitenlinien des Wettkampffeldes stellt die Doppelzauberschnur zur Trennung der beiden Kleinfeldhälften dar.
Da im Spielfeldaufbau und bei den benötigten Geräte keine
Veränderungen im Verlauf der Spielreihe auftreten, wird der
Aufbau lediglich beim Spiel 1 mit 1 beschrieben.

2.2 Spiel 1 mit 1   (U-R I, 1. + 2. Std., S. 9,1o)

- Zielvorstellung

Die Schüler werden in Kleinstformationen mit einem volley-
ballähnlichen Spiel bekanntgemacht.

- Spielgedanke

Die Schüler sind bemüht, durch möglichst genaues Zuspiel
den Partner am Spiel teilhaben zu lassen.

- Mannschaften

Ein Schüler entspricht einer Mannschaft; freie Partnerwahl
für das Spiel.

- Spielfeld und Geräte

Die Spielfelder (je 4 x 2m) werden quer zur Längsausdeh-
nung der Halle, geteilt durch eine Doppelzauberschnur
(ca. 5o cm über Reichhöhe), aufgebaut. Die Spielfeldmar-
kierungen werden mit Tesakrepp geklebt. Die Zauberschnur
wird durch Hochsprungständer abgestützt.

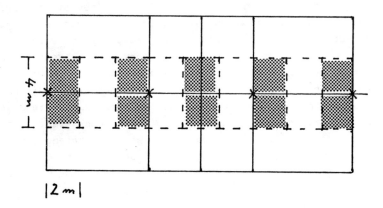

- Spielregeln

Der Ball kann beliebig über die Schnur zum Partner geworfen
werden. Fangstelle bedeutet Abwurfstelle. Die Schüler zählen die fehlerfreien Ballwechsel selbständig. Nach 1o korrekten Ballwechseln tauschen die Schüler den Spielpartner.
Wertung: Das Zählen beginnt von vorn, wenn der Ball nicht
         gefangen wird, nicht über die Schnur fliegt oder
         ins Aus geht.

- Taktik

Hohes, partnerfreundliches Zuspiel; Beobachtung des fliegenden Balles; frontale Stellung zum Ball beim Fangen und
beim Abspiel zum Partner.

<u>Veränderung</u>   (U-R I, 3. Std., S. 11)

- Spielregeln

  Der Ball muß beidhändig vor der Stirn gefangen werden und
  von dort über die Schnur zum Partner gestoßen werden.

2.3 Spiel 1 gegen 1   (U-R I, 5., 6. + 7. Std., S. 13,15,16)

- Zielvorstellung

  Die Schüler werden in Kleinstformationen mit einem volley-
  ähnlichen Spiel bekanntgemacht.

- Spielgedanke

  Der Spieler versucht, den Ball so über die Schnur zu stoßen,
  daß dieser nicht vom Gegner gefangen werden kann.

- Mannschaften

  Drei Schüler bilden eine Spielgruppe; zwei Schüler spielen
  gegeneinander, der dritte übernimmt das Amt des Schiedsrichters.

- Spielfeld und Geräte

  Die Spielfeldmaße betragen 4 x 2m. Die Schnur wird in
  Reichhöhe gespannt.

- Spielregeln

  Der Ball muß beidhändig vor der Stirn gefangen und von dort
  über die Schnur ins gegnerische Feld gestoßen werden. Fangstelle bedeutet Abwurfstelle. Nach 1o Punkten tauscht ein
  Spieler mit dem Schiedsrichter.
  <u>Fehler:</u> Der Ball wird nicht oder nicht vor der Stirn gefan-
         gen; der Ball fliegt nicht über die Schnur oder
         geht ins Aus.

- Taktik

  Stellung in der Mitte des Spielfeldes in Bereitschaftsstel-
  lung (Mitte evtl. markieren); Beobachtung des Gegners und
  des fliegenden Balles; Bewegung zum Ball; Erkennen von
  Stellungsfehlern beim Gegner.

2.4 Spiel 2 mit 2   (U-R I, 1o. Std., S. 19)

- Zielvorstellung

Die Schüler werden in erweiterten Kleinformationen über ein
volleyballähnliches Spiel an das Zielspiel herangeführt.

- Spielgedanke

Die Schüler sind bemüht, durch möglichst genaues Zuspiel
innerhalb der eigenen Mannschaft und zum 'Gegner' den Ball
möglichst lange im Spiel zu halten.

- Mannschaften

Zwei Schüler bilden eine Mannschaft; freie Partnerwahl.

- Spielfeld und Geräte

Die Spielfeldmaße betragen 4 x 2m. Die Schnur wird ca.
5o cm über Reichhöhe gespannt.

- Spielregeln

Der Ball muß beidhändig vor der Stirn gefangen und von dort
gestoßen werden. Fangstelle bedeutet Abspielstelle. Vor der
Schnurüberquerung muß der Ball zum Partner gespielt werden.
Nach 1o korrekten Ballwechseln tauscht eine Mannschaft mit
den Schiedsrichtern oder spielt mit einer anderen Mann-
schaft. Nach 5 korrekten Ballwechseln tauschen die beiden
Spieler die Seiten in ihrem Feld.
Wertung: Das Zählen beginnt jeweils von vorn, wenn der Ball
         nicht vor der Schnurüberquerung zum Partner ge-
         spielt oder nicht regelgerecht gestoßen bzw. ge-
         fangen wird. Ebenso, wenn der Ball auf den Boden
         fällt oder ins Aus geht.

- Taktik

Hohes, partner- und mitspielerfreundliches Zuspiel; Beobachtung des fliegenden Balles und des 'Gegners'; Raumauf-
teilung im eigenen Feld (evtl. Markierung).

<u>Veränderung</u>   (U-R I, 11. Std., S. 2o)

- Mannschaften

Ein guter und ein schwacher Schüler bilden eine Mannschaft.

<u>Erweiterung</u>

- Spielregeln

Die Schüler wechseln nach jedem 2. Abspiel über die Schnur
die Seiten in ihrem Feld.

Veränderung   (U-R I, 12. Std., S. 21)

                               (U-R II, 1. + 2. Std., S.27,28)

- Spielregeln

   Der Ball wird durch Pritschen zum Partner und über die
   Schnur zu den Mitspielern weitergeleitet. Die Ballannahme erfolgt durch Fangen in Pritschhaltung.

2.5 Spiel 2 gegen 2   (U-R I, 13. + 14. Std., S. 22,24)

- Zielvorstellung

   Die Schüler wenden die erste volleyballspezifische Technik
   (Pritschen) im Spiel an.

- Spielgedanke

   Die Spieler versuchen, den Ball so über die Schnur zu pritschen, daß dieser nicht vom Gegner gefangen werden kann.

- Mannschaften

   Zwei Schüler bilden eine Mannschaft; freie Partnerwahl.

- Spielfeld und Geräte

   Die Spielfeldmaße betragen 4 x 2m. Die Schnur wird in
   Reichhöhe gespannt.

- Spielregeln

   Der Ball wird zum Partner und über die Schnur gepritscht.
   Die Ballannahme erfolgt durch Fangen in Pritschhaltung. Vor
   der Schnurüberquerung muß der Ball zum Partner gespielt
   werden. Das Spiel wird durch Pritschen über die Schnur eröffnet und ist nach 1o Punkten beendet. Nach 5 Punkten
   tauschen die Spieler die Seiten in ihrem Feld.
   Fehler: Der Ball wird vor der Schnurüberquerung nicht zum
           Partner gespielt, nicht regelgerecht (Grobform) ge-
           pritscht bzw. gefangen; der Ball fällt zu Boden
           oder geht ins Aus.

- Taktik
   Hohes Spiel zum Partner; Spiel in den Rückraum des Gegners;
   Beobachtung des Gegners und des Balles; Beachtung der
   eigenen Raumdeckung.

<u>Veränderung</u>   (U-R II, 3. + 4. Std., S. 29, 31)

- Spielregeln

Punkte können nur von der Mannschaft erzielt werden, die den Ball durch Pritschen ins Spiel gebracht hat. Bei Gewinn des 'Anpritschrechts' erfolgt eine Rotation (Seitenwechsel innerhalb der Mannschaft).

2.6 Spiel 3 mit 3   (U-R II, 5. Std., S. 32)

- Zielvorstellung

Die Schüler wenden die erlernten volleyballspezifischen Techniken (Pritschen/ Richtungspritschen) im Spiel an.

- Spielgedanke

Die Schüler sind bemüht, durch möglichst genaues Zuspiel innerhalb der eigenen Mannschaft und zum 'Gegner' den Ball möglichst lange im Spiel zu halten.

- Mannschaften

Drei Schüler bilden eine Mannschaft; freie Partnerwahl.

- Spielfeld und Geräte

Die Spielfeldmaße betragen 6 x 3m. Die Schnur wird ca. 5o cm über Reichhöhe gespannt.

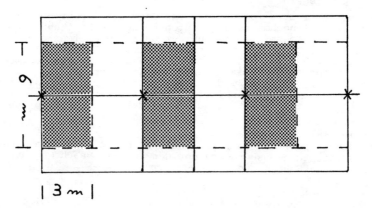

- Spielregeln

  Der Ball wird zu den Partnern und den Mitspielern gepritscht.
  Ein Zwischenspiel vor der Weiterleitung des Balles ist erlaubt. Der Ball muß vor dem Abspiel über die Schnur von
  allen Spielern einer Mannschaft berührt werden.
  Nach 3 korrekten Ballwechseln werden die Positionen innerhalb einer Mannschaft getauscht (Rotation). Nach 1o korrekten Ballwechseln ist das Spiel beendet.
  Wertung: Das Zählen beginnt jeweils von vorn, wenn der Ball
          nicht zu den Partnern oder nicht reglgerecht (Grob-
          form) gepritscht wird. Außerdem, wenn der Ball in-
          nerhalb oder außerhalb der Markierungen zu Boden
          fällt.

- Taktik

  Zuspiel diagonal zum und vor den Partner; frontale Stellung zur Abspielrichtung; Hinwenden zu Ball und Partner;
  Aufstellung im Feld (Dreiecksform).

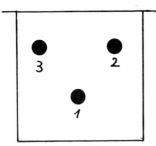

Grundaufstellung
im Kleinfeld
2 Netzspieler,
1 Grundspieler

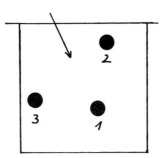

Aufstellung bei Annahme
der Aufgabe und bei der
Verteidigung

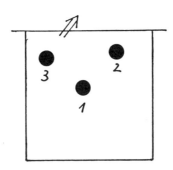

Aufstellung beim
Angriff

<u>Veränderung</u>   (U-R II, 6. Std., S. 33)

- Spielfeld und Geräte

Die Spielfeldmaße betragen 9 x 3m.

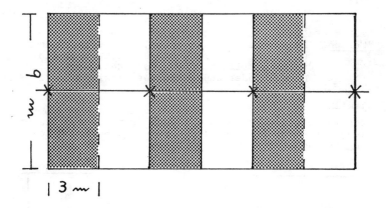

| 3 m |

<u>Veränderung</u>   (U-R II, 12. Std., S. 39)
                  (U-R III, 1. + 2. Std., S. 45, 46)

- Spielregeln

Der Ball wird zu den Partnern und den Mitspielern gepritscht. Ein tiefer Ball wird im Bagger angenommen und
direkt oder über ein Zwischenspiel zum Partner weitergeleitet. Der Ball muß vor dem Abspiel über die Schnur von
allen Spielern einer Mannschaft berührt werden.

Veränderung   (U-R II, 13.+ 14. Std., S. 41, 42)
- Spielfeld und Geräte

Die Spielfeldmaße betragen 9 x 4,5 m.

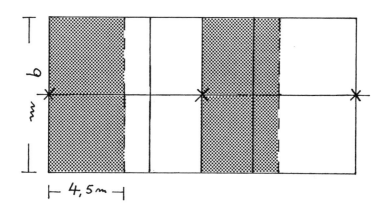

├─ 4,5m ─┤

2.7 Spiel 3 gegen 3   (U-R II, 7. Std., S. 34)

- Zielvorstellung

Die Schüler wenden die erlernten volleyballspezifischen
Techniken (Pritschen/ Richtungspritschen) im Spiel an.

- Spielgedanke

Jede Mannschaft versucht, den Ball so über die Schnur zu
spielen, daß ihn der Gegner nicht zurückspielen kann.

- Mannschaften

Die Schüler spielen in den bestehenden Mannschaften.

- Spielfeld und Geräte

Die Spielfeldmaße betragen 9 x 3m. Die Schnur wird in
Reichhöhe gespannt.

- Spielregeln

Der Ball muß mindestens 1x innerhalb einer Mannschaft abgespielt werden (Zwischenspiel ist erlaubt). Der Ball wird
von rechts vorn durch Pritschen ins Spiel gebracht.
Rotation erfolgt nach gewonnenem 'Anpritschrecht'. Nach
15 Punkten und zwei mehr als der Gegner ist das Spiel/Satz
beendet.
Fehler: Der Ball wird direkt über die Schnur zurückge-
        pritscht oder nicht regelgerecht (Grobform) ge-
        gespielt; er berührt beim Anpritschen die Schnur;
        er fällt innerhalb oder außerhalb der Markierungen
        zu Boden. Ein Spieler überschreitet die Mittel-
        linie.

- Taktik

Angriffsaufbau über einen Zuspieler; Lösen von der Schnur
beim Angriff des Gegners; Feldverteidigung im Zweierriegel.

Erweiterung   (U-R III, 3. + 4. Std., S. 47,48)
- Zielvorstellung

Die Schüler wenden die erlernten volleyballspezifischen
Techniken (Pritschen/ Baggern) im Spiel an.

Erweiterung   (U-R III, 5. + 6. Std., S. 5o, 51)
- Zielvorstellung

Mit Hilfe der volleyballspezifischen Techniken (Pritschen/
Baggern/ Aufgabe von unten) ist es den Schülern möglich,
die Grundsituationen des Volleyballspiels zu beherrschen
und auf der Basis der eingeführten Regeln ein Wettspiel
auf einem Kleinfeld durchzuführen, das sich als Vorstufe
des regelgerechten Spiels erweist und die Weiterentwicklung
zum Wettkampfspiel eröffnet.

- Spielregeln

Der Ball muß mindestens 1x innerhalb der eigenen Mannschaft
abgespielt werden. Der in den Rückraum gepritschte. Ball
wird bei niedriger Flugbahn im Bagger angenommen. Der Ball
wird von hinten rechts durch eine Aufgabe außerhalb der
Spielfeldmarkierung ins Spiel gebracht. Rotation erfolgt
nach gewonnener Aufgabe.

Veränderung   (U-R III, 8. + 9. Std., S.53, 55)
- Spielfeld und Geräte

Die Spielfeldmaße betragen 9 x 4,5 m.

2.8 Spiel 4 mit 4   (U-R III, 12. + 13. Std., S. 58, 59)
                            (U-R IV, 1. Std., S. 63)

- Zielvorstellung

    Die Schüler setzen die erlernten volleyballspezifischen
    Techniken (Pritschen/ Baggern/ Aufgabe von unten oder oben)
    im Spiel ein und festigen die Ausführung und Anwendung der-
    selben bei erhöhter Spielerzahl und vergrößertem Feld.

- Spielgedanke

    Die Schüler sind bemüht, durch möglichst genaues Zuspiel
    innerhalb der eigenen Mannschaft und zum 'Gegner' den Ball
    möglichst lange im Spiel zu halten.

- Mannschaften

    Die Schüler bilden selbständig Mannschaften, in denen auch
    die schwachen Schüler berücksichtigt werden (2 gute und
    2 schwache Schüler pro Mannschaft).

- Spielfeld und Geräte

    Die Spielfeldmaße betragen 12 x 4,5 m.

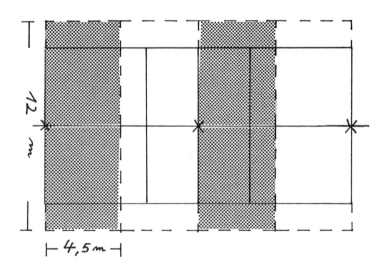

- Spielregeln

    Der Ball wird mit den erlernten Techniken zu den Partnern
    und zum 'Gegner' gespielt. Der Ball muß vor dem Abspiel
    über die Schnur 3x berührt werden. Nach 3 korrekten Ball-
    wechseln werden innerhalb einer Mannschaft die Positionen
    getauscht (Rotation). Nach 15 korrekten Ballwechseln ist
    das Spiel beendet.
    Wertung: Das Zählen beginnt jeweils von vorn, wenn eine der
             eingeführten Regeln verletzt wird oder die Technik
             nicht der Grobform entspricht.
    Es sollte mit Schiedsrichtern gespielt werden.

- Taktik

  Verständigung bei Ballannahme und Abspiel durch Zuruf;
  Aufbau durch einen Zuspieler an der Schnur; Beobachtung der
  Aufgabe.

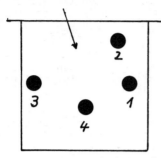 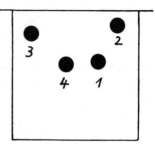

Aufstellung bei Annahme   Aufstellung beim
der Aufgabe und bei der   Angriff
Verteidigung

2.9 Spiel 4 gegen 4   (U-R III, 14. + 15. Std., S. 6o, 61)

                         (U-R IV, 2. - 4. Std., S. 64 - 67)

- Zielvorstellung

  Die Schüler wenden die erlernten und gefestigten Techniken
  (Pritschen/ Sprungpritschen/ Baggern/ Aufgabe) unter erschwerten Bedingungen (Wettkampf) an und kommen dadurch
  dem Volleyballspiel nach offiziellen Regeln näher.

- Spielgedanke

  Jede Mannschaft ist bestrebt, den Ball so über die Schnur
  zu spielen, daß ihn der Gegner nicht regelgerecht zurückspielen kann.

- Mannschaften

  Die bestehenden Mannschaften werden beibehalten. Große Un-
  gleichheiten in den Mannschaften werden ausgeglichen.

- Spielfeld und Geräte

  Die Spielfeldmaße betragen 12 x 4,5 m.

- Spielregeln

  Das Spiel wird nach den bis jetzt eingeführten Regeln durchgeführt.

- Taktik

  Die erarbeiteten taktischen Grundregeln sollen im Spiel angewendet werden. Der Angriff wird über den an der Schnur stehenden Zuspieler vorbereitet (Schulung der Handlungskette: Annahme der Aufgabe/ Baggerabspiel hoch an die Schnur/ hohes Zuspiel (Stellen) parallel zur Schnur/ Angriff).

2.1o Spiel 6 mit 6   (U-R IV, 7. + 8. Std., S. 7o, 71)

- Zielvorstellung

  Die Schüler wenden die in den voraufgegangenen Einheiten und Stunden erlernten Techniken bei den Wettkampfregeln entsprechender Spielerzahl auf verkleinertem Feld unter erleichterten Bedingungen an. Damit ist die vorletzte Spielstufe erreicht, die in den folgenden Stunden qualitativ verbessert (Ausführungen der Techniken) und quantitativ erweitert wird (Angriffsschlag, Block und Abwehrbagger).

- Spielgedanke

  Die Schüler sind bemüht, durch möglichst genaues Zuspiel innerhalb der eigenen Mannschaft und zum 'Gegner' den Ball möglichst lange im Spiel zu halten.

- Mannschaften

  Die Schüler bilden selbständig Mannschaften, in denen auch die schwachen Schüler Berücksichtigung finden; Vorschlag: 3 Paare mit je einem guten und einem schwachen Schüler oder 2 frühere Dreiermannschaften.

- Spielfeld und Geräte

  Die Spielfeldmaße betragen 12 x 6m.

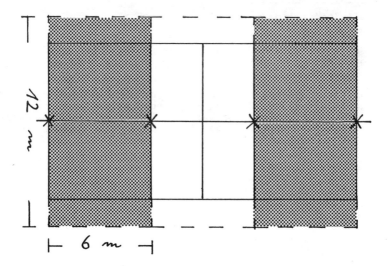

- Spielregeln

  Der Ball wird mit den erlernten Techniken zu den Partnern
  und zum 'Gegner' gespielt. Der Ball muß vor dem Abspiel
  über die Schnur 3x berührt werden. Nach jedem korrekten
  Ballwechsel werden die Positionen innerhalb einer Mannschaft getauscht (Rotation). Nach 15 korrekten Ballwechseln ist das Spiel beendet.
  Wertung: Das Zählen beginnt jeweils von vorn, wenn eine der
           eingeführten Regeln verletzt wird oder die Tech-
           nik in der Ausführung nicht der verbesserten Grob-
           form entspricht.
  Es sollte mit Schiedsrichtern gespielt werden.

- Taktik

  Verständigung bei Ballannahme und Abspiel durch Zuruf;
  Aufbau durch einen Zuspieler an der Schnur; Beobachtung der
  Aufgabe.

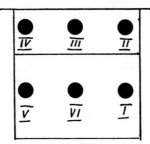

Grundaufstellung
3 Netzspieler,
3 Grundspieler

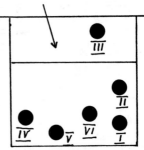

Aufstellung bei Annahme
der Aufgabe (Fünferriegel)

2.11 Spiel 6 gegen 6   (U-R IV, 9. - 13. Std., S. 72, 76)

- Zielvorstellung

   Die Schüler setzen alle erlernten Techniken im Spiel ein
   und erproben Technik und Taktik unter erschwerten Bedingungen.

- Spielgedanke

   Jede Mannschaft ist bestrebt, den Ball so über das Netz
   zu spielen, daß der Gegner ihn nicht regelgerecht zurückspielen kann.

- Mannschaften

   Es wird mit den bestehenden Mannschaften gespielt.

- Spielfeld und Geräte

   Es wird auf dem Wettkampffeld (18 x 9m) gespielt. Die
   Netzhöhe richtet sich nach der Schülergröße bei ausge-
   streckten Armen.

- Spielregeln

   Das Spiel wird nach den eingeführten Regeln (strengere
   Auslegung) durchgeführt.

- Taktik

   Die Schüler versuchen, die taktischen Grundregeln situ-
   ationsgerecht anzuwenden.

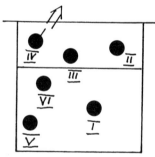

Angriff von Pos. IV
mit Angriffssicherung

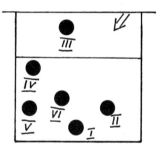

Aufstellung bei der
Feldverteidigung

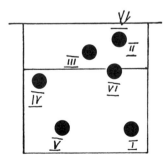

Aufstellung beim Einer-Block

3   UNTERRICHTSMATERIALIEN

3.1   Phasenbilder zu den Grundtechniken

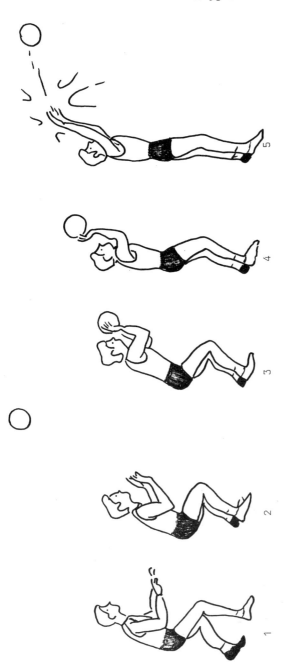

Oberes Zuspiel

Phase 1 : Einnahme der Spielstellung durch schnelle Bewegung hinter und unter den Ball.

Phase 2 : Erwarten des Balles im sicheren Stand (Gewicht auf beiden Füßen) mit angewinkelten Armen und nach innen gewölbten Händen.
Beginn der Streckbewegung des ganzen Körpers nach vorn-oben gegen die Flugrichtung des Balles.

Phase 3 + 4 : Annahme des Balles in Stirnhöhe mit vorgespannten Fingern.
Fortsetzung der Streckbewegung.

Phase 5 : Vollendung der Ganzkörperstreckung im Zehenstand.

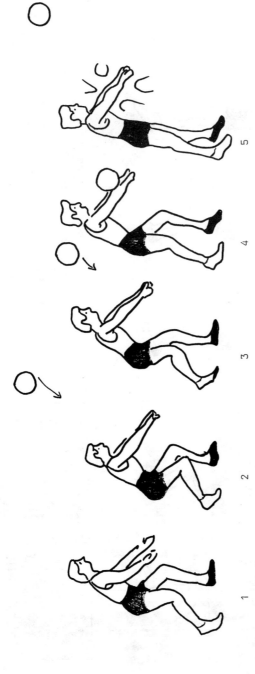

Unteres Zuspiel

Phase 1 : Erwarten des Balles in bewegungsbereiter Stellung und mit geöffneten Armen.

Phase 2 : Spielstellung mit gebeugten Beinen und parallel liegenden Innenseiten der Unterarme. Beginn der Körperstreckung nach vorn-oben aus den Beinen gegen den anfliegenden Ball.

Phase 3 : Fortsetzung der Körperstreckung nach vorn-oben.

Phase 4 : Treffen des Balles mit den Unterarmen bei festgestellten Schultergelenken. Führen des Balles in die Abspielrichtung.

Phase 5 : Vollendung der Körperstreckung zum Zehenstand in Richtung des abgespielten Balles.

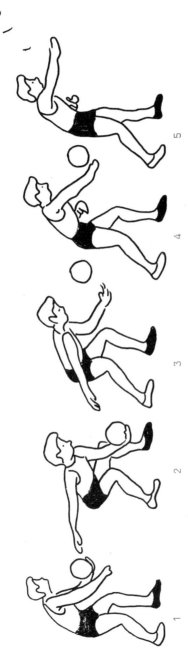

Aufgabe von unten

Phase 1 :: Ausgangsposition bei leichter Schrittstellung frontal zum Netz (Rechtshänder: linker Fuß vor); Ball vor der rechten Körperseite.

Phase 2 :: Ausholbewegung des Schlagarms nach hinten-unten; Beugen der Kniegelenke.

Phase 3 :: Vorführen des gestreckten Schlagarms nach vorn-oben bei gleichzeitigem Anwurf des Balles.

Phase 4 :: Treffen des Balles mit der gewölbten, fixierten Handfläche von hinten-unten.

Phase 5 :: Hinterherstrecken des Schlagarms und des Körpers in die Flugrichtung des Balles; Lauf ins Spielfeld.

Aufgabe von oben

Phase 1 : Ausgangsposition in Schrittstellung frontal zum Netz (Rechtshänder: linker Fuß vor).

Phase 2 : Beidhändiger Anwurf des Balles ca. 2m über Schulterhöhe; Rückführen des gebeugten Schlagarms; Verwringung in der Hüfte.

Phase 3 : Rückbeugen des Oberkörpers zur Bogenspannung.

Phase 4 : Auslösen der Verwringung und Vorbringen des gestreckten Schlagarms.

Phase 5 : Treffen des Balles von oben im höchsten Punkt der Körperstreckung mit lockerem Handgelenk.

Phase 6 : Durchschwingen des Schlagarms; Lauf ins Spielfeld.

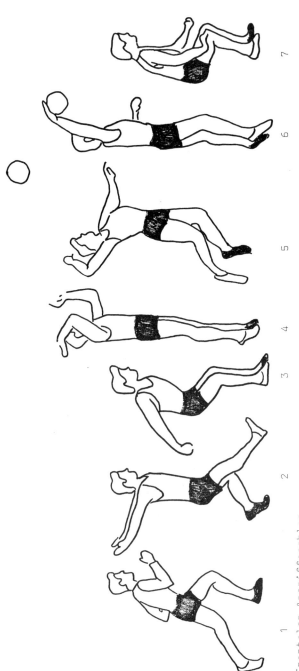

Frontaler Angriffsschlag

Phase 1 : Anlauf in 2 – 3 Schritten schräg zum fliegenden Ball.

Phase 2 : Letzter Schritt – langer Stemmschritt unter Rückführen beider Arme nach hinten-oben.

Phase 3 : Beidbeiniger Absprung mit Doppelarmschwung nach oben.

Phase 4 : Körperstreckung im Sprung und Rückführen des Schlagarms; Unterarm des Schlagarms nahezu waagerecht.

Phase 5 : Bogenspannung des Körpers; peitschenartiges Vorführen des Schlagarms.

Phase 6 : Treffen des Balles im höchsten Punkt des Sprunges mit gestrecktem Arm und lockerem Handgelenk; der Ball wird hinten-oben getroffen und nach unten geschlagen.

Phase 7 : Weiche, beidbeinige Landung nahe der Absprungstelle.

Abwehrbagger

Phase 1 : Beobachtung des Gegners (Anlaufrichtung, Haltung des Schlagarms) in tiefer Bereitschafts- stellung; Arme befinden sich außerhalb der Beine.

Phase 2 : Spielstellung bei weiter Grätschstellung und tiefer Kniebeuge; Unterarme liegen an den Innenseiten zusammen; Körpergewicht ruht auf den Fußballen.

Phase 3 : Abwehr des Balles mit tiefgehaltenen, federnden Unterarmen.

Phase 4 : Aufrichten des Körpers und Einnahme der neuen Bereitschaftstellung.

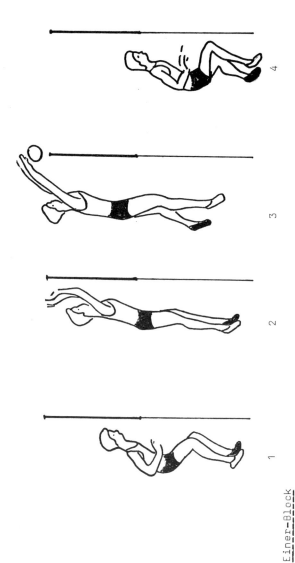

Einer-Block

Phase 1 : Beobachten von Ball und Gegner; Einnahme der Absprungstelle (ca. 5o cm vom Netz) durch Nachstellschritte.

Phase 2 : Voller, beidbeiniger Absprung unter Hochführen der Arme eng am Körper nach dem Angreifer.

Phase 3 : Dachbildung der nebeneinander stehenden Hände über dem Ball oberhalb der Netzkante; die Finger sind gestreckt und gespreizt.

Phase 4 : Beidbeinige, weiche Landung an der Absprungstelle und Hinwendung zum Ball.

3.2 Fehlerbilder zu den Grundtechniken

Oberes Zuspiel

Fehler: Der Ball wird geworfen, da der Spieler seine Stellung nicht dem fliegenden Ball angepaßt hat.

Korrektur: Vor der Annahme des Balles muß sich der Spieler hinter und unter den Ball bewegen. Sein Körper steht frontal zur Abspielrichtung. Phasenbild 3, S. 95.

Fehler: Der Spieler spielt den Ball mit gestreckten Armen und flachen Händen. Außerdem sind die Beine nicht in den Kniegelenken gebeugt. Der Ball erhält keine Flughöhe.

Korrektur: Der Ball muß bei gebeugten Beinen mit angewinkelten Armen in Stirnhöhe gespielt werden. Die Hände sind nach innen gewölbt, die Finger vorgespannt. Phasenbild 3, S. 95.

Fehler: Der Spieler hat die Flugkurve des Balles falsch berechnet und den Ball unterlaufen. Er versucht, den Ball durch Schlagen mit den Händen zu spielen.

Korrektur: Der Ball muß bzgl. seiner Flugkurve genau beobachtet werden. Dementsprechend muß die Spielstellung schnell eingenommen werden. Phasenbild 2 + 4, S. 95.

Unteres Zuspiel

Fehler: Im Moment der Ballannahme beugt der Spieler seinen Oberkörper zu weit vor und spielt den Ball mit angewinkelten Armen.

Korrektur: Der Ball muß mit aufrechtem Oberkörper und gestreckten Armen gespielt werden. Phasenbild 4, S. 96.

Fehler: Der Spieler läuft in den anfliegenden Ball hinein, so daß dieser entweder an den Armen hochrollt oder nach hinten wegspringt.

Korrektur: Der Ball muß im sicheren Stand angenommen und gespielt werden. Phasenbild 2 + 4, S. 96.

Fehler: Der Spieler erwartet den Ball mit völlig gestreckten und parallel gestellten Beinen.

Korrektur: Der Ball muß in einer spielbereiten Stellung erwartet werden. Phasenbild 2 + 3, S. 95.

Aufgabe von unten

Fehler: In der Ausgangsposition stellt der Spieler als Rechtshänder das rechte Bein vor.

Korrektur: Bei der Ausführung der Aufgabe müssen Rechtshänder das linke Bein vorstellen. Phasenbild 1, S. 97.

Fehler: Der Spieler führt den Schlagarm bogenförmig wie beim Diskuswurf nach vorn, so daß der Ball bei Rechtshändern in der Regel auf der linken Spielfeldseite ins Aus fliegt.

Korrektur: Der Schlagarm muß gestreckt und gradlinig am Oberschenkel vorbei nach vorn geführt werden. Phasenbild 2 + 3, S. 97.

Fehler: Der Spieler steht bei der Ausholbewegung zur Aufgabe in steifer und aufrechter Haltung.

Korrektur: Bei der Ausholbewegung soll der Spieler geduckt bei tief gebeugten Kniegelenken stehen. Phasenbild 2, S. 97.

Aufgabe von oben

<u>Fehler</u>: Der Spieler wirft den Ball zu niedrig an und versucht, ihn mit gebeugtem Arm zu schlagen.

<u>Korrektur</u>: Der Ball muß senkrecht über der Schlagschulter angeworfen werden. Der Schlagarm muß beim Treffen des Balles gestreckt sein. Phasenbild 2 + 5, S. 98.

<u>Fehler</u>: Der Spieler trifft den Ball zu weit vom Körper, so daß der Ball ins Netz fliegt.

<u>Korrektur</u>: Der Ball muß etwas vor der Körpersenkrechten mit gestrecktem Arm getroffen werden. Phasenbild 5, S. 98.

<u>Fehler</u>: Der Spieler schlägt den Ball mit der Faust, so daß die Flugrichtung und die Flugkurve des Balles nicht gesteuert werden können.

<u>Korrektur</u>: Der Ball muß mit der offenen Hand hinten-oben getroffen werden, damit der Flug des Balles gesteuert werden kann. Phasenbild 5, S. 98.

Frontaler Angriffsschlag

Fehler: Der Spieler springt nur mit einem Bein zum Angriffsschlag ab und wird das Netz berühren.

Korrektur: Nach dem Stemmschritt erfolgt ein beidbeiniger Absprung mit Doppelarmschwung. Die horizontale Bewegung wird in eine vertikale Bewegung umgesetzt.
Phasenbild 2 + 3, S. 99.

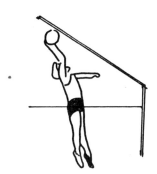

Fehler: Aufgrund falscher Flugkurvenberechnung unterläuft der Spieler den Ball und trifft ihn von unten.

Korrektur: Beim Angriffsschlag muß der Ball hinten-oben getroffen und nach unten geschlagen werden.
Phasenbild 6, S. 99.

Fehler: Der Spieler schlägt den Ball mit der Faust, so daß die Flugrichtung des Balles nicht beeinflußt werden kann.

Korrektur: Der Ball muß mit lockerem Handgelenk und angespannten Fingern geschlagen werden.
Phasenbild 6, S. 99.

Abwehrbagger

Fehler: Der Spieler erwartet den Ball
mit nahezu gestreckten Beinen.

Korrektur: Sowohl in der Bereitschafts-
als auch in der Spielstellung sind die
Beine gebeugt, um die Arme hinter und
unter den Ball zu bringen.
Phasenbild 1 + 2, S. 1oo.

Fehler: Der Spieler bewegt seine Arme
wie beim unteren Zuspiel dem anfliegenden Ball entgegen, so daß der Ball
außer Kontrolle gerät.

Korrektur: Im Moment der Ballberührung
müssen die Arme ruhig, aber federnd
gehalten werden. Phasenbild 3, S. 1oo.

Fehler: Der Spieler hält die Arme bei
Körpervorlage nach unten. Der Ball
wird bei Berührung der Unterarme
flach wegspringen.

Korrektur: Vor der Ballberührung muß
der Körper so weit abgesenkt werden,
daß die Arme unter den Ball gelangen.
Phasenbild 2 + 3, S. 1oo.

Einer-Block

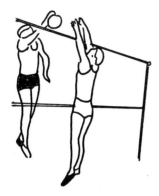

Fehler: Der Spieler bildet den Block zu weit von der Netzkante entfernt, so daß er nicht übergreifen kann.

Korrektur: Der Absprungsort zum Block muß so gewählt werden, daß mit den Händen und Teilen des Unterarms über die Netzkante gegriffen werden kann. Phasenbild 3, S. 1o1.

Fehler: Der Spieler hält die Arme senkrecht und die Hände nach hinten abgeklappt.

Korrektur: Arme und Hände müssen vor-aufwärts gehalten werden, um den Ball von oben abzudecken. Phasenbild 3, S. 1o1.

Fehler: Der Verteidiger ist zu früh gesprungen und befindet sich in der Abwärtsbewegung, so daß der Angreifer ungehindert schmettern kann.

Korrektur: Der Sprung des Verteidigers zum Block erfolgt kurz nach dem Sprung des Angreifers (timing).

3.3 Kontrollbögen zur Lernerfolgskontrolle

Kontrollbogen Nr. 1 (U-R I, 4. Std., S. 12)

Name:

Ballbehandlung

1. Spielen des Balles mit der Handfläche							
					erfüllt (ja/nein)		
Starke Hand							
Schwache Hand							
Rechts - links im Wechsel							

2. Spielen des Balles mit dem Unterarm							
					erfüllt (ja/nein)		
Starker Arm							
Schwacher Arm							
Rechts - links im Wechsel							

3. Zielschlagen mit der Handfläche	
Trefferzahl:	erfüllt (ja/nein)

Kontrollbogen Nr. 2   (U-R I, 8. Std., S. 17)

Name:

Stoßen und Fangen des Balles zu zweit

Beobachtungsinhalt	Noten					
	1	2	3	4	5	
Bereitschaftsstellung und In-Stellung-Laufen						
Annahme des Balles vor der Stirn						
Annahme des Balles in der tiefen Grätschschrittstellung						
Abspiel mit Ganzkörperstreckung						
Hohes Abspiel zum Partner						
Mittelwert=						

Kontrollbogen Nr. 3   (U-R I, 15. Std., S. 25)

Name:

Oberes Zuspiel zu zweit

Beobachtungsinhalt	Noten					
	1	2	3	4	5	
Bereitschaftsstellung						
In-Stellung-Laufen						
Handhaltung im Moment des Ballabspiels						
Abspiel mit Ganzkörperstreckung aus tiefer Grätschschrittstellung						
Hohes, genaues Abspiel zum Partner						
Mittelwert=						

Kontrollbogen   Nr. 4   (U-R II, 1o. Std., S. 37)

Spiel 3 mit 3

% der positiven Berührungen bezogen auf die Gesamtzahl der Berührungen	gesamt	-	+	Ballberührungen	
					Mannschaft A
					Mannschaft B

Kontrollbogen Nr. 5   (U-R II, 15. Std., S. 44)

Name:

Unteres Zuspiel nach Zuwurf

Beobachtungsinhalt	Noten					
	1	2	3	4	5	
Bereitschaftsstellung						
In-Stellung-Laufen						
Armhaltung beim Auftreffen des Balles						
Abspiel mit Körperstreckung bei fest-gestellten Schultergelenken						
Hohes, genaues Abspiel zum Werfer						
Mittelwert=						

Kontrollbogen Nr. 6 (U-R III, 7. Std., S. 52)

Aufgabe von unten

Name	1. Matte	2. Matte	3. Matte	Gesamtpunkte

Kontrollbogen Nr. 7   (U-R III, 1o. Std., S. 56)

Spiel 3 gegen 3

Spielstenogramm (Reihenfolge der aufgetretenen Aktionen)

Abkürzungen: A= Aufgabe; An= Annahme der Aufgabe; P= Pritschen;
             B= Baggern.

Fehler (Abpfiff des Schiedsrichters) werden mit einem Minus-
Zeichen hinter der Aktion versehen.

Mannschaft A	Mannschaft B

Kontrollbogen Nr. 8 (U-R IV, 14. Std., S. 77)

Spielerbeobachtung im Spiel 6 gegen 6

% der Akti-onen +/o bezogen auf die Summe aller Aktionen					
Summe aller Aktionen					
Aufgabe					
Feld-abwehr					
Block					
Angriff					
Zuspiel					
Annahme der Aufgabe					
Name					

3.4 Inhalt der einsetzbaren Volleyballfilme

Vorbemerkungen

Die nachfolgend aufgeführten Filme können in der Regel in den
örtlichen Bildstellen entliehen oder beim Verlag Hofmann,
7o6o Schorndorf, gekauft werden. Die Bestellnummern sind jeweils beigefügt.

Seitens des Verlages werden drei Filmreihen unterschiedlichen
Inhalts mit entsprechenden Begleitkarten angeboten: in der
ersten Reihe wird auf fünf Streifen die stufenweise Entwicklung des Mini-Volleyballspiels auf der Basis von Spielformen
mit Wettkampfcharakter dargestellt. Die zweite Reihe befaßt
sich auf sechs Streifen mit der Technikschulung vom oberen
Zuspiel bis zum Blockieren, während in einer dritten Reihe
(7 Streifen) grundlegende taktische Elemente des Volleyballspiels gezeigt werden. Die letztgenannte Reihe ist für die
Arbeit in der Sekundarstufe I von untergeordneter Bedeutung
und wird daher nicht vollständig behandelt. Alle Filme sind
in schwarz/weiß erstellt und auf Super-8-Projektoren vor-
führbar.

Mini-Volleyball

- Vom Grundspiel zum Wettspiel (Nr. 36 o7o7)
  Der Film zeigt Schüler (1o - 12 Jahre) beim Spiel 'Ball ins
  andere Land' als Grundspiel des Mini-Volleyballspiels und
  stellt den Grundgedanken des Spiels vor. Durch Zusatzaufgaben, die Ortsveränderungen bedingen, wird das Spiel erweitert. Als Vorbereitung auf das obere Zuspiel soll der
  Ball möglichst in Kopfhöhe gefangen und von dort beidhändig weitergespielt werden. Abschließend werden im Wettspiel
  erste taktische Verhaltensweisen (Aufstellung im Dreieck)
  vorgeführt.

- Spielreihe zum oberen Zuspiel (Pritschen) (Nr. 36 o7o8)
  Der Film beginnt mit einer Demonstration der Technik des
  oberen Zuspiels durch einen Jugendlichen. Es wird die gesamte Bewegung ohne Zeitlupeneinstellung oder Standbilder gezeigt, so daß Einzelheiten der Bewegung selbst bei wieder-
  holter Vorführung des Films für unerfahrene Schüler nicht
  zu erkennen sind. Der Wert des Films ist in den vorgestell-
  ten Übungs- und Spielformen zu sehen, in denen das obere
  Zuspiel zunächst zu zweit und dann in Gruppen (zu dritt, zu
  viert) unter Einbeziehung von Ortsveränderungen geübt wird.
  Ein Spiel 2 gegen 2, bei dem das obere Zuspiel zur Anwendung kommt, beendet den Film.

- Spielreihen zum unteren Zuspiel (Baggern) und zur Aufgabe von
unten (Nr. 36 o7o9)

Im Film wird zunächst die optimale Bewegung sowohl des unteren
Zuspiels als auch der Aufgabe von unten vorgestellt.
Die Technik 'unteres Zuspiel' wird über die Übung 'Zuwerfen -
Baggern' erarbeitet, die von Schülern demonstriert wird. Eine
Festigung erfährt die Technik in der Grobform durch Staffelwett-
kämpfe 'Zuwerfen - Baggern zu viert'. Daran schließt sich die
Komplexübung 'Pritschen - Baggern' an. Anschließend wird das un-
tere Zuspiel im Spiel 2 gegen 2 eingesetzt.
Die Erarbeitung der Aufgabe von unten, deren korrekte Ausführung
zunächst von einem Erwachsenen vorgeführt wird, setzt mit einem
Kegelspiel ein, bei dem die gradlinige Armführung geübt werden
soll. Die Aufgabe wird als ganze Bewegung zuerst aus kürzerer
Entfernung ausgeführt; danach wird die Übung als Komplexübung
fortgesetzt unter Einbeziehung des Pritschens und Baggerns als
Möglichkeit, eine Aufgabe anzunehmen. Weitere Übungsmöglichkei-
ten bieten sich im Kleinfeldspiel.

- Spielreihe zum Angriffsschlag (Schmettern) (Nr. 36 o71o)

Dem Betrachter wird einleitend der exakte Bewegungsablauf des
Angriffsschlages zweimal von einem Jugendlichen vorgeführt.
Aufgrund der komplexen Bewegung des Schmetterns muß bezweifelt
werden, ob der Bewegungsablauf in seinen Einzelheiten von den
Schülern aufgenommen werden kann. Die hier geäußerte Kritik ist
auf alle Streifen dieser Reihe anwendbar.
Im einzelnen enthält der Film das Schlagen des selbst angeworfenen Balles aus dem Stand über das Netz, das Schlagen des Balles
im Sprung nach Anwerfen durch den Partner - hier fehlt als wich-
tiger Zwischenschritt das Schlagen des über die Netzkante gehaltenen Balles im Sprung, da die Schüler in der Regel Schwierigkeiten bei der Koordination Anlauf, Absprung, Schlagen des fliegenden Balles haben - das Schlagen eines gestellten Balles und
schließlich als Komplexübung 'Angriffsschlag / Feldverteidigung'.
Alle bisher erlernten Grundfertigkeiten kommen im Spiel 2 gegen
2 zur Anwendung.

- Wettkampfspiel (Nr. 36 o711)

Der Film zeigt grundlegende taktische Verhaltensweisen beim
Mini-Volleyballspiel (3 gegen 3). Das Zuspiel bzw. der Angriffsaufbau kann über einen festen Stellspieler erfolgen, der nicht
an der Verteidigung beteiligt ist (Zweierriegel). Andererseits
ist es möglich, daß alle drei Spieler die Aufgabe bzw. den Angriff erwarten (Dreierriegel). Wird die Aufgabe auf den Grundspieler geschlagen, erfolgt das Abspiel nach vorn rechts zum vorgelaufenen Netzspieler, der den Ball zum Angriff nach links her-
ausstellt. Muß einer der Netzspieler die Aufgabe annehmen, erfolgt das Abspiel hoch in den freien Raum nahe am Netz und wird
vom vorgelaufenen Grundspieler zum Angriff herausgestellt. In
allen Situationen ist auf die Dreiecksaufstellung der Spieler
zueinander zu achten.

Volleyball - Technik

- Oberes Zuspiel I (Pritschen) (Nr. 36 o712)

Der Film zeigt das obere Zuspiel frontal, nach einer Körperdrehung (Richtungspritschen) sowie das obere Zuspiel rückwärts.
Die genannten Techniken werden detailliert aus verschiedenen
Perspektiven unter Zuhilfenahme von Zeitdehnungen, Standbildern
und Einblendungen in Wortform zur Unterstützung des Bildes (z.B.
Hände schalenförmig) gezeigt. Zudem erfährt der Film eine Auf-
lockerung durch Spielszenen, die den Anwendungsbereich der Technik deutlich machen.

- Oberes Zuspiel II (Pritschen) (Nr. 36 o713)

Dieser Streifen eignet sich weniger für den Unterricht in der
Sekundarstufe I, da hier technisch anspruchsvollere Ausführungen des oberen Zuspiels (z.B. im Fallen rückwärts) vorgeführt
werden, die fortgeschrittenen Schülern (Sek. II) vorbehalten
bleiben sollten.

- Unteres Zuspiel (Baggern) (Nr. 36 o714)

Im Mittelpunkt des Films steht die Grundform des unteren Zuspiels,
bei der der Ball frontal auf den Spieler zufliegt. Die einzelnen Phasen der Bewegung werden durch Einzeldarstellungen und
Standbilder verdeutlicht. Um den Einsatzbereich des Films zu er-
weitern, werden auch Sonderformen des unteren Zuspiels (z.B.
Hechtbagger) vorgeführt. Spielausschnitte zeigen die Anwendung
der Technik im Spiel.

- Aufgabe (Nr. 36 o715)

In diesem Filmstreifen sind alle gebräuchlichen Formen der Aufgabe mit und ohne Effet dargestellt. Die für die Ausbildung in
der Sekundarstufe I in Frage kommenden Aufgaben von unten und von
oben werden mit Hilfe von Zeitdehnung und Standbildern sowie
aus frontaler und seitlicher Perspektive gezeigt. Mehrer Wiederholungen der Gesamtbewegung ersparen ein zeitraubendes Rückspu-
len des Films. Der Hinweis, die Aufgabe mit Effet zu schlagen,
sollte in der Grundausbildung nicht betont werden, da der Ball
in der Regel durch nicht ganz zentrales Treffen ohnehin eine
leichte Drehung erfährt. Zu starke Hervorhebung des Effets
könnte zu einer fehlerhaften Ausführung der Aufgabe führen.

- Angriffsschlag (Schmettern) (Nr. 36 o716)

Von den verschiedenen Möglichkeiten, den Angriffsschlag auszu-
führen, interessiert im Rahmen der Grundausbildung lediglich der
Angriffsschlag nach hohem Zuspiel, da bei dieser Ausführung dem
Schüler ausreichend Zeit für das 'timing' der Gesamtbewegung verbleibt. Die Gesamtbewegung des Angriffsschlags mit Detailhinwei-
sen ist einprägsam dargestellt.

- Block (Nr. 36 o717)

Das Blockieren stellt die sicherste Abwehrmaßnahme gegen einen
Angriff dar. Schwierigkeiten, diese Mittel im Spiel einzusetzen,
ergeben sich dann, wenn der/die Blockspieler seine/ihre Aktion
nicht genau auf den Angreifer abstimmt/abstimmen (timing).
Diese Abstimmung setzt langes Üben und Zusammenspiel voraus,
was in der Sekundarstufe I im Hinblick auf den Klassenverband

nur begrenzt möglich ist. Vielfach wird daher auf die Feldverteidigung zurückgegriffen. In Spielausschnitten wird zunächst die
Einsatzmöglichkeit des Blockierens (hier Doppelblock) vorgestellt. Danach werden die wesentlichen Phasen des Einer-Blocks
aus verschiedenen Perspektiven und mit Merkworteinblendungen
geboten. In der Einstellung 'timing' wird die zeitliche Abfolge
'Sprung/Angreifer - Sprung/Block' besonders deutlich gezeigt.
Die erweiterten Formen des Blockierens (Zweier- und Dreierblock)
vervollständigen den Film.

Taktik

Die aus 7 Streifen bestehende Serie zur Taktik soll nicht im
einzelnen vorgestellt werden; vielmehr werden die für die Grundausbildung relevanten Streifen ausgewählt.

- Riegelformationen I (Nr. 36 o819)

In diesem Streifen werden verschiedene Formen des Riegels gezeigt. Für die Arbeit in der Sekundarstufe I ist der Fünferriegel wichtig, bei dem 5 Spieler in zwei Abwehrreihen (W-Form)
Aufstellung nehmen und die gegnerische Aufgabe erwarten, während
der 6. Spieler als Anspielpunkt für den 1. Paß und als Steller
für den Angriff nahe am Netz auf der Pos. III verbleibt. Spielszenen, Trickdarstellungen und Diagramme verdeutlichen die Auf-
stellungsform.

- Block und Feldabwehr (Nr. 36 o823)

Der Film konzentriert sich im wesentlichen auf die Abwehr des
Angriffs mit Hilfe verschiedener Blockformationen. Auf die
Abwehr ohne Block, auf die Feldverteidigung, wird leider nur
in einer Einstellung recht kurz eingegangen.

- 121 -

3.5 Literaturhinweise

Andresen, R. (Red.): Volleyball. (Schriftenreihe des Bundes-
    ausschusses zur Förderung des Leistungssports, Bd. 13)
    2. Auflage Berlin 1977.

Baacke, H.: Wir spielen Mini-Volleyball. Berlin (Ost) 1977.

Blossfeldt, E.: Volleyball. 333 praktische Übungen.
    5. Auflage Frankfurt 198o.

Blume, G.: Volleyball. Nachdruck Hamburg 1983.

Brettschneider, W.D./ Westphal, G. und U.: Das Volleyball-
    spiel. Unterricht im Sportspiel zwischen Zielsetzung,
    Methodenkonzeption und Erfolgskontrolle.
    2. Auflage Ahrensburg 1978.

Czwalina, Cl.: Systematische Spielerbeobachtung in den Sport-
    spielen. (Schriftenreihe zur Praxis der Leibeserziehung
    und des Sports, Bd. 1o1) Schorndorf 1976.

Dietrich, K. /Dürrwächter, G. /Schaller, H.-J.: Die großen
    Spiele. 3. Auflage Wuppertal 1982.

Dietrich, K. /Landau, G.: Beiträge zur Didaktik der Sport-
    spiele.
    Teil 1: Spiel in der Leibeserziehung. (Schriftenreihe
    zur Praxis der Leibeserziehung und des Sports, Bd. 8o)
    2. Auflage Schorndorf 1976.
    Teil 2: Sportspiel - Analysen, Interpretationen, Folge-
    rungen. (Schriftenreihe zur Praxis der Leibeserziehung
    und des Sports, Bd. 115) Schorndorf 1977.
    Teil 3: Sportspiel im Unterricht. (Schriftenreihe zur
    Praxis der Leibeserziehung und des Sports, Bd. 117)
    Schorndorf 1977.

Dürrwächter, G.: Volleyball. (Schriftenreihe zur Praxis der
    Leibeserziehung und des Sports, Bd. 14) 8. Auflage
    Schorndorf 1979.

DVV (Hrsg.): Internationale Volleyball-Spielregeln.
    22. Auflage Schorndorf 1983/84.

Fiedler, M.: Volleyball. 5. Auflage Berlin (Ost) 1978.

Fröhner, B. /Radde, K. /Döring, F.: Schülersport - Volleyball.
    3. Auflage Berlin (Ost) 1982.

Gorski, J. /Krieter, U.: Volleyball. München 1982.

Hartmann, H.: Untersuchungen zur Lernplanung und Lernkontrol-
    le in den Sportspielen. (Schriftenreihe zur Praxis der
    Leibeserziehung und des Sports, Bd. 71) 2. Auflage
    Schorndorf 1977.

Herzog, K.: Volleyball. Bewegungsabläufe in Bildern.
    4. Auflage Dülmen 1981.

Karbe, S. (Gesamtred.) u.a.: Volleyball. Anleitung für den
    Übungsleiter. Berlin (Ost) 1981.

Konzag, G. (Hrsg.): Übungsformen für die Sportspiele.
    3. Auflage Berlin (Ost) 1979.

Medler, M.: Hinführung zum Volleyballspiel im 5./6. Schuljahr.
    Neuauflage Neumünster 1984.

Paap, G.: Lernhilfen in der Lehrweise des Volleyballspiels. (Schriftenreihe zur Praxis der Leibeserziehung und des Sports, Bd. 118) Schorndorf 1978.

Voigt, H. /Naul, R.: Volleyball. (Sport - Sekundarstufe II) Düsseldorf 1982.

4 SACHREGISTER

Kombination
- Oberes u. unteres Zuspiel   37, 41, 42, 43, 55, 58
- Aufgabe u. unteres Zuspiel   46, 47, 48
- Oberes u. unteres Zuspiel seitlich   62

Komplexübungen
- Oberes u. unteres Zuspiel, Aufgabe v. unten   5o, 52, 54, 56, 6o
- Aufgabe, Annahme, Stellen, Schmettern   71
- Angriff, Abwehr   73, 74
- Angriff, Block   77

Lernerfolgsüberprüfung (Technik)
- Ballbehandlung   12
- Kontrollbogen   11o

- oberes Zuspiel   25
- Kontrollbogen   111

- unteres Zuspiel   44
- Kontrollbogen   113

- volleyballähnliches Zuspiel   17
- Kontrollbogen   111

- Aufgabe von unten   52
- Kontrollbogen   114

Lernerfolgsüberprüfung (Spiel)
- 3 mit 3   37
- Kontrollbogen   112

- 3 gegen 3   56
- Kontrollbogen   115

- 6 gegen 6   77
- Kontrollbogen   116

Spiele
- s. Inhaltsverzeichnis   3

Sportwissenschaft und Sportpraxis

Herausgeber: **Clemens Czwalina**

ISSN 0342-457X

Band 3	**Niedlich/Czwalina: Basketball — Teil 1: Grundlagen der Technik.** 1970. 5. Auflage 1979. 116 Seiten.
Band 4	**Czwalina: Der Beitrag der Leibesübungen und des Sports zur politischen Erziehung.** 1965. 2. Auflage 1970. 147 Seiten
Band 7	**Bührle: Die sozialerzieherische Funktion des Sports.** 1971. 152 Seiten.
Band 13	**Schaller: Zur pädagogischen Theorie des Spiels.** 1973. 265 Seiten.
Band 20	**Kohl/Czwalina: Psychologische und pädagogische Untersuchungen zum Sportspiel.** 1974. 2. Auflage 1978. 127 Seiten.
Band 28	**Pilz/Trebels: Aggression und Konflikt im Sport.** 1976. 217 Seiten.
Band 30	**Brettschneider/Westphal: Das Volleyballspiel.** 1976. 2. Auflage 1978. 175 Seiten.
Band 31	**Schöpe: Zur didaktischen Struktur des Geräteturnens unter dem Gesichtspunkt der Schulrelevanz.** 1977. 214 Seiten.
Band 32	**Niedlich: Zum Problem der Elementarisierung des Sportspiels.** 1978. 176 Seiten.
Band 35	**Kneyer: Spitzensport und soziale Mobilität.** 1980. 88 Seiten, 21 Seiten Anhang.
Band 36	**Güldenpfennig: Sport in der sozialwissenschaftlichen Diskussion.** 1980. 233 Seiten.
Band 37	**Bornkamp-Baake: Sport in der Psychiatrie.** 1981. 130 Seiten.
Band 38	**Tiwald: Psycho-Training im Kampf- und Budo-Sport.** 1981. 109 Seiten.
Band 39	**Nitschke/Wieland (Hrsg.): Die Faszination und Wirkung außereuropäischer Tanz- und Sportformen.** 1981. 190 Seiten.
Band 40	**Miethling/Perl: Computerunterstützte Sportspielanalyse.** 1981. 136 Seiten.
Band 41	**Kalies: Präventives Ausdauertraining für untrainierte Frauen.** 1982. 196 Seiten.
Band 42	**Andresen/Hagedorn (Hrsg.): Training im Sportspiel.** 1982. 364 Seiten.
Band 43	**Hug: Bewegungsregulation im Sport** 1982. 295 Seiten.
Band 44	**Fahlbusch-Wendler: Die Zulässigkeit der staatlichen Förderung des Kinderhochleistungssports in der Bundesrepublik Deutschland.** 1982. 249 Seiten.

Sportwissenschaft und Sportpraxis

Herausgeber: **Clemens Czwalina**   ISSN 0342-457X